Delivering Knock Your Socks Off Service, Fifth Edition 职场书单

让客户惊叹！你的服务将超乎想象

第5版 修订版

Performance Research Associates,Inc.
［美］ 绩效研究协会有限公司 著
刘艳霞 译

電子工業出版社
Publishing House of Electronics Industry
北京 · BEIJING

版权贸易合同登记号 图字：01-2012-3565

图书在版编目（CIP）数据

让客户惊叹！你的服务将超乎想象：第 5 版：修订本 / 美国绩效研究协会有限公司著；刘艳霞译 . 北京：电子工业出版社，2017.10

书名原文：Delivering Knock Your Socks Off Service，Fifth Edition

ISBN 978-7-121-30269-5

Ⅰ . ①让… Ⅱ . ①美… ②刘… Ⅲ . ①企业管理－销售管理－商业服务 Ⅳ . ① F274

中国版本图书馆 CIP 数据核字 (2016) 第 265114 号

责任编辑：杨洪军
印　　刷：三河市双峰印刷装订有限公司
装　　订：三河市双峰印刷装订有限公司
出版发行：电子工业出版社
　　　　　北京市海淀区万寿路 173 信箱　邮编 100036
开　　本：720 × 1000　1/16　印张：15.25　字数：219 千字
版　　次：2012 年 8 月第 1 版（原著第 5 版）
　　　　　2017 年 10 月第 2 版（原著第 5 版修订本）
印　　次：2022 年 1 月第 9 次印刷
定　　价：75.00 元

凡所购买电子工业出版社图书有缺损问题，请向购买书店调换。若书店售缺，请与本社发行部联系，联系及邮购电话：（010）88254888，88258888。

质量投诉请发邮件至 zlts@phei.com.cn，盗版侵权举报请发邮件至 dbqq@phei.com.cn。

本书咨询联系方式：（010）88254199，sjb@phei.com.cn。

投稿邮箱：lius@phei.com.cn。

Preface

译者序

善待客户 愉快交易 达成双赢

翻译这本书的过程，也是我对服务业加深认识的过程。结合每天发生在身边的小故事，反思服务业的现在和未来，乐在其中。

服务业的成功，遵循一个浅显的道理：善待客户，愉快交易，达成双赢。

道理似乎简单，但事实上，服务人员与客户冲突的场景每天都在上演。相比较，让人印象深刻的优质服务的例子，似乎很难列举。

前几天，我在一个购物网站上买了一本书，该网站向来以送货快捷闻名。但是那一次，不知是何原因，周日下的订单，周四下午才有快递员给我打电话预约送书上门。当时正巧我在外面，于是让快递员第二天再送书。不想快递员要求我当日自己去快递站取件，理由有两个：一是如果我在家，今天肯定能送，但是因为我没在家，今天送不成，会造成快递积压，影响快递站的工作效率；二是我家离快递站非常近，取件并不麻烦。我一听有些气愤，回答："你们讲效率的话，怎么周日下订单，周四才到货？明明说的是送货上门，现在却偏偏要我自己去取？你们这是什么服务？"电话那头的快递员表达了歉意，但是仍然坚持我当日亲自去取件。我考虑了一下，第二天家里也是没有人的，所以答应下午晚些去快递站。

我急匆匆地从外面往回赶，晚上 7 点左右到达快递站所在的小区，整整绕着小区走了一圈，根本没有看到快递站的标志，打电话跟快递员沟通，几经波折终于到达快递站，一位年轻人接待了我。我按捺不住火气，不容辩解，大声斥责对方，埋怨他不送货上门给我造成的种种麻烦，但对面的快递员不紧不慢，微笑着问我的名字，一边把快件递给我，一边和我耐心地交流："真是给您添麻烦了。""您今天工作挺辛苦的吧？先休息一会儿。""费用是 25.2 元，给您造成了麻烦，如果没有零钱，2 角钱就算了吧。我给您补上。""谢谢您的理解。"他的话语中满是真诚，我的满腔火气瞬间消散。

我走出门的那一刻，听到旁边一位年纪稍长的快递员颇为无奈地说："你这人，嘴是真甜啊！"

"赠人玫瑰，手有余香。"这句话很适合服务行业，把芳香美丽如玫瑰的产品，经过自己的手，送到需要的人手上，让对方满意，而自己的手中，也留得余香。真心热爱服务业的人，应该会感觉到其中的幸福滋味吧？

前几日，在描述未来的服务业时，我的一名酒店管理专业的学生说："现在，在中国，人们对于服务业的偏见还很大，认为服务业是比较低微的工种，不屑涉足。我相信，在不久的未来，人们的这一偏见将会改变。服务业将成为和其他行业同样荣耀的职业。服务业者，凭借优秀的服务质量和真诚的服务态度，一定会获得客户的认可和尊重。"

我相信在不远的未来，他的梦想会成真！

刘艳云女士和黎涓女士分别负责了本书的部分翻译、校对和资料查询工作，他们有着良好的教育背景和严谨的工作态度，在她们的帮助下，我才可以尽快并尽量原汁原味地将原书中的思想和理念呈现给读者。在此表示真挚的谢意！

译 者

Preface 序

提供令人惊叹的客户服务

刚得知要为《让客户惊叹！你的服务将超乎想象》20周年纪念版作序之时，我脑子一片空白，还能写些什么呢？已经出版了这么多版，该写的早都写过了。当年，罗恩第一次提出服务至关重要这个理念时，我感觉它仿佛是平地里一声惊雷，震醒了所有人，让他们明白了一个浅显的道理：善待客户，获得成功，双方满意。但当我们一起旅行、就餐、修车或去干洗店洗衣服时，在享受各种服务的过程中，我们逐渐意识到，事实并非如我们所愿，显然不是每个服务人员都已懂得服务的重要性。

乐观豁达的罗恩没有放弃，他深信，服务从业者确实想为客户提供优质服务，当然也想彼此友善相待，但问题是他们不知道该如何行动。在接下来的日子里，罗恩和若干合作者共同完成了一系列相关书籍，致力于服务之道的传播。

罗恩和切普·贝尔合作完成 *Managing Knock Your Socks Off Service* 一书，指导管理者在前沿阵地上培训、支持与激励员工。深知计划赶不上变化，纵然再如何细心也会有问题发生，他和切普又合作完成了 *Knock Your Socks Off Service Recovery* 一书，探讨如何面对失控局面。

罗恩还和克里斯汀·安德森一起完成了 *Coaching Knock Your Socks Off Service* 与 *Knock Your Socks Off Answers* 两本书，前者旨在帮助经理人培训及开发员工能力，而后者重点回答来自客户的各种问题，客户的问题可谓千奇百怪，但我们必须知道答案。罗恩自始至终坚信卓越服务是可能的，而这两本书，正是他在这一信仰支持下坚持探索服务领域的新成果。

此外，罗恩和汤姆·康奈兰意识到，持续的优质服务正是让客户满意及选择与公司长久合作的关键因素，因此他们合作撰写了 *Sustaining Knock Your Socks Off Service* 一书，探讨各种将优质服务渗透进公司文化的方法。

安·汤玛斯和吉尔·爱普列特秉承罗恩的信仰，合作完成了 *101 Activities for Delivering Knock Your Socks Off Service* 一书。同罗恩一样，两位作者坚信，每个人都希望自己提供给别人的服务是优秀的，优秀服务是可能的，也是回报丰厚的，只是有时候他们需要一些帮助而已。

20 年后的今天，《让客户惊叹！你的服务将超乎想象》赢来了 20 周年纪念版，罗恩为服务业倾尽心血、笔耕不辍，本书的出版是对他献身精神的赞誉，也是对他的乐观心态、善良，以及对普及、推广本书坚贞信仰的赞扬。

苏珊·泽姆克

客户服务关键词

Introduction 导 言

客户服务人员的行为至关重要

仅满足客户的需求并不够，一定要让客户感到“欣喜”，因为客户的需求不仅得到了满足，还超出了预期。

——A · 布兰顿 · 格德弗雷

客户服务这几个字包含的意义非常广泛，它包括回答问题、解决疑难、打破经营僵局、查找不足、修补漏洞、安慰愤怒者、鼓励胆小者，以及时不时上演置于死地而后生的戏码，想出出奇制胜的招数来解决难题、化解危机。

直到前些时候，客户服务一直被看作最没有回报的工作。在大多数人看来，销售工作如果长期做下去，前景会很好，市场营销的名声也不错。数字营销呢？那可是未来的大势所趋,前途无量！广告业？让人仰视。网页设计？真时髦！客户服务呢？工作任务重，看不到未来。在高高在上的其他部门同事的眼中，服务人员是“那些应付客户牢骚和抱怨的家伙”；在客户眼中，只有那些脑子不太灵光的人才会从事客户服务，他们每天早上醒来，照照镜子，把嘴咧得大大的，对镜子里的自己说:“今天将会是有趣的一天，我要去上班了，然后把和我讲话的前 217 个人激怒。”事实上，他们也确实说到做到，激怒了一位又一位客户！总之，在大多数人眼中，服务人员的形象欠佳。

在20世纪90年代末，也就是互联网网站疯狂扩张的年代，职业商业观察家们又一次学了重要一课。他们发现，致力于为客户提供卓越服务的公司获得的经济利润更高，相较于一直致力于将服务成本控制在最低限度（无论是在线服务、电话服务或面对面的接触）的公司来说，这些公司的发展速度更快、利润更高。而今，我们已经进入21世纪的第二个10年，服务的概念不应局限于增加客户数量，还必须纳入开发忠诚客户，因为忠诚客户才是公司的利润之源。

简而言之，强调全面客户服务的公司获取的利润更高，留住客户的能力更强。

研究者也开始注意到，成功的服务型公司的营销成本更低，产生抱怨和牢骚的客户更少，回头业务更多。客户或许会中途离开，但最后总会回归于服务质量高的公司。而且，优质服务还可以让公司内部受益：员工跳槽率和缺勤率更低，工作士气和岗位满意度更高，在要求员工努力达到客户满意的公司，员工的开心指数也相对更高。

几乎是在一夜之间，关注客户、理解并满足客户需求，以及对客户关怀备至，表现温柔、关爱与体贴等成为关键的公司目标，而且成为整个服务界的关注焦点，鼓吹客户至上的思想彩旗飘扬，相关书籍一本本出版，演讲一个接着一个，无一不鼓吹客户服务的重要性。客户服务的解读方式与价值观发生了革命，这场革命至今仍在继续。

自从上一次服务革命发生以来，迄今已近20年，对于如何打造并维持服务优势，我们颇有收获。随着世界越来越小，我们逐渐明白，如欲打造优质服务，必须具有对文化差异的敏感度，并对来自各种文化背景下客户的不同需求有所了解。婴儿潮一代、X一代及千禧一代在职场上交锋，我们由此了解了不同世代人的差异，并据此制定不同的服务方案。根据我们已掌握的知识及从书籍和讲座中获取的消息，我们明白了一个不变的事实：打造优质服务的最重要因子，依然是客户服务人员。

客户服务人员的任务很重要，任务就是工作，而且是努力工作，包括回答咨询，解决问题，帮助公司处理纠纷，修复已破损的关系并找回失去的东西，抚慰愤怒者，鼓励胆小者，为客户提供合适的产品与服务，并帮助他们从中获得最大的乐趣与价值。

20年前，根据15年的从业经验，以及对数千名服务专业人士的观察，罗恩和克里斯汀撰写了第一本书——《让客户惊叹！你的服务将超乎想象》，和读者分享客户在意的服务品质。他们创作的素材来自真实岗位中的专业服务人员，他们通过自己的努力，让客户的生活和工作更加方便、有趣。

在接下来的20年中，我们有机会和数千名来自世界范围内的客户服务专业人士共事，从他们身上，我们了解了更多关于打造顶级客户服务的艺术。我们用心、用笔记下了我们的收获，最终以这本书的形式献给读者。

无论你是服务行业新秀还是资深人士，本书中各个出奇制胜的招数，总会让你有所收获。你的工作对你的公司比以往任何时候都更加重要。如果本书对你的服务质量有所帮助，那么请不要感谢我们，而应感谢数千位我们心目中的老师和导师。如果你认为读本书不仅让你获得知识，也获得了乐趣，那么这说明我们完成了预期的客户服务目标。

绩效研究协会有限公司

明尼苏达州，明尼阿波利斯市

CONTENTS 目 录

此页有意留白。

第 1 篇

令人惊叹的服务之基本原则

让人惊叹的服务，也就是能在客户心中留下持久好印象的服务，需要的远非只是谦恭有礼的语言和行为。

令人惊叹的服务最基本的要求是理解客户眼中优质服务的概念。此外，还要清楚自己该做什么、如何做、做到何种程度，以及如何打造可持续的优质服务。

提供让人惊叹的服务，指的是为客户创造令其难忘的美好消费体验，打造满足客户需求并超出其期待值的服务，这样客户才会喜欢和你打交道。此外还包括以超出客户意料的独特方式寻找服务机会、为客户制造惊喜。

有机会从你这里享受令人惊叹的服务的客户，会一次又一次地找上门来与你合作，当然，受益者将不仅是你的客户，还有你的公司，当然还有你。

1

服务业永恒不变的真理

对于客户来说，服务人员代表了公司

“维护与客户的关系是你的重要岗位职责，绝不是分外之事。”

——威廉·马丁

神奇的服务

客户不会在服务人员和公司之间画一条线，他们也没必要这么做。对于客户来说，服务人员就代表了其供职的公司。

客户不会知道公司大门之内发生的故事，他们并不清楚服务人员的岗位职责或权利范围。他们为什么要关心这个呢？对于客户来说，这是服务人员应该搞明白的事情，但和他们无关。

客户的态度和关注焦点非常清晰："请帮我完成这次交易""请给我上菜""解决我的问题""处理我的订单，马上！"客户对于公司的感觉是好是坏，常常直接来自与服务人员的接触及他们的服务方式。

如果把一位客户与某家公司接触的整个过程比作一根链条，那么他与公司内服务人员的每次接触都是这根链条上的一环。如果你负责的环节出现了问题，那么你的失误将很可能抹杀客户之前对于公司所持有的好印象。但是如果你运筹帷幄，成功完成服务任务，那么你将有机会更正客户之前因为不快经历形成的负面印象。在当今世界中，时间就是金钱，你行动越敏捷，客户会越高兴。

让我们看一个关于迪士尼乐园的例子，迪士尼乐园是一个提供神奇服务的地方。我的一位朋友最近去迪士尼乐园游玩。当时正值盛夏，她排队等待了 20 分钟，才买到一份冰激凌，她沿路一边走，一边舔着冰激凌。她随便向周围看了下，眼光回到冰激凌上，却发现手中蛋卷内的冰激凌不翼而飞！怎么回事？原来是一只海鸥突然飞来，把她的冰激凌叼走了。她感到有些懊恼，只好继续走路。没想到，几秒钟之后，一位拿着扫把和垃圾桶的年轻男子走到她面前对她说："很抱歉，女士。我看见那只海鸥把你的冰激凌叼走了。这已经不是第一次了。迪士尼乐园的海鸥胆子太大了。我陪你回去换一份新的冰激凌吧！奶油蛋糕冰激凌，是吧？”这让我的朋友大感意外，本来是有点让人无奈的经历，没想到却成为她此次迪士尼之旅最让人难忘的插曲——她很愿意与他人分享的插曲。

正如那位年轻的迪士尼员工一样，你也可以成为优质服务链条上重要的一环，你的行为可能为这条链子增光，也可能为它抹黑。你或许想，我有这么重要吗？对我要求这么多，这对我公平吗？或许不公平，但是这本来就与公平无关。

当你的工作范围包括服务客户和与公众打交道时，你的工作表现，也就是为客户（各种各样的客户，他们有的善良，有的龌龊；有的聪明，有的愚钝；有的你喜欢到想带回家见家长，而有的你痛恨到希望对方从这个星球上消失）提供的服务的质量，将决定你的公司的兴衰和命运。简言之：

客户服务人员代表了公司

小贴士

在与客户沟通时，多使用第一人称单数“我”，少用“他们”或“我们”。对客户来说，与公司的交情是深是浅，客户服务人员始终都是决定因素。使用“我”证明客户服务人员了解此中奥秘，因此也愿意对客户说：“很抱歉，花了您这么长时间才找到服装部。还有什么我能做的吗？”

客户服务人员的一切行为皆关系公司命运

在令人惊叹的服务的秘方中，包括很多非常不起眼的小事，如谨慎措辞等。

此外，还有一些非常复杂的成分。你是公司的媒介，公司通过你为客户提供服务，你必须弄清公司发展的关键，并有能力回复客户的咨询，解决客户的问题，并且把他们当作可以共创未来的对象，而这也正是客户的期待。

小贴士

“我们公司的政策是……”“领导不会同意的……”这些话语只是在提示客户，你只是一名普通的员工而已。如果你的确这么觉得，那么你将无力为他们提供服务，而且你将轻易被取代。在和客户沟通时，努力把自己与公司区分开或许能帮你推卸责任，但是同时也在客户心中播下了一颗怀疑的种子，这颗种子散发出的信息是："你不能指望我来帮助你。"

客户的愿望和需求总是在变化的，因此你和你的公司必须与时俱进。怎样才能跟上节奏呢？下面 3 个问题可以帮助你提高个人服务水平。不要把它们当成一次性问题，用过即抛，必须反复问自己，并在这个过程中逐渐打造出令客户惊叹的服务。

1. 客户想要从我和我的公司得到什么？

思考客户的需求和期待。如果你不知道答案，那么问问看，有经验的高级经理会给你不错的答案。

2. 辅助部门，如财务或运输部门，是如何服务我的客户的？

在促进公司各部门协同工作，为客户提供服务这一过程中，你承担的角色是什么？在你服务客户的过程中，需要哪些部门和同事的配合？

3. 关于客户满意度，有哪些小细节可以产生大影响？

令人惊叹的服务意味着必须关注对客户来说重要的事情。你知道对于你的客户来说什么最重要吗？

在客户面前，你代表整个公司，这种思维让你的工作多了挑战性和回报性。通过和你一对一的交流，在客户心中，曾经模糊、和自己没有任何关系的公司慢慢成为清晰、生动、饱含内容的实体。你的手中握有增进客户与公司之间的交流并使之成为神奇而难忘经历的力量，这种力量能够让你的客户流连忘返、不愿离去。

从现在起，让下面的句子成为你的服务誓言吧！

“看着吧！客户们，我的服务包您满意！”

2

令人惊叹的服务之概念入门

“客户总是以自己独特的方式来感知服务，他们的感知可能是很个性化的、情绪化的、不理智的、悲悯的。一切来源于感知。”

——管理大师，汤姆 · 彼得斯

客户是高要求的，这是他们的权利。今天的客户面临更多选择，但他们的时间却比以前更加珍贵。如果你的公司不能满足客户需求，如果你和客户的接触无法满足、超出客户期待，或者如果你的反应不够灵敏，那么他们会干脆走开，到大街上或互联网上寻找其他合作对象，换句话说，他们会放弃你，转而和你的行业竞争者合作。

如果没有客户，何来工作

研究者得出一致研究结果：吸引一位新客户所需要的时间是留住一位老客户所需时间的 5 倍。然而事实是，许多公司满脑子想的都是开发新业务，而不是努力维护现有的客户资源。更让人不安的是，研究者还发现，在任何既定时间内，有高达 1/4 的人因为对服务不满而另觅其他交易对象——在他们能找到承诺提供更好服务的公司的前提下。也就是说，每 100 名客户中，就有 25 名客户有可能与公司解除合作关系。

在所有研究结果中，最让公司感到纠结的是，在这 25 名客户中，会直接向公司表达自己不满的只有 1 人。更多的客户选择在网站上（如 Yelp、City Search、Twitter、Facebook 等）发表关于公司的负面评论，而这对公司的名声将产生巨大破坏。实际上，你可能已经注意到，在日常工作中，能将自己的真实想法向公司人员坦诚相告的客户是多么罕见！更常见的情形是，客户不会把真实想法说出口，因为他们认为你应该知道，而一旦发现你并不知道，他们会深感失望，这时，他们往往会选择离去。

正因为如此，公司才不得不投入大量时间和经费，通过各种途径（在互联网上搜索、监控网站、电话回访、面谈等）收集客户的反馈。正如深信前方会有金子的矿工一样，现在的公司想尽一切办法收集、整理客户评论，从中寻找可以透露客户真实想法的牢骚与誉美之词，并据此研究客户需求的变化趋势。

作为客户服务专业人员，你将有机会定期收到公司下发的最新客户资料，但同时你有另外一个同等重要的信息源：与客户的日常接触。根据我的个人经验，客户服务人员手上掌握着丰富的客户需求信息，如哪种做法是客户期待的，哪种做法是超出他们期待的，哪种做法会令他们失望等，其实，客户服务人员是公司的“情报站”。

这是你的特别优势，是你创建含有自己特色的令人惊叹的服务的基础。

自行组织：RATER因素

决定客户体验质量的服务因素有许多，如果整理出一个框架，那么对服务从业人员势必大有益处。在这里，我们向读者介绍由得克萨斯农工大学研究者莱昂纳德·贝利及其同事整理提出的 RATER 框架。贝利发现，在评价服务质量时，客户会考虑 5 个因素。

1. 可靠（Reliability）。

以正确的、可信赖的方式提供已承诺服务的能力。

2. 放心（Assurance）。

展示给客户的知识和礼貌，以及传达信任、胜任力与信心的能力。

3. 有形物（Tangibles）。

实体设施与设备、自己（及他人）的外在表现。

4. 同理心（Empathy）。

表现给客户的关爱与个人关注程度。

5. 反应力（Responsiveness）。

及时帮助客户的意愿。

很有可能，这5个因素可囊括你为客户所做的一切事务，让我们通过例子来证明。

- 及时履行客户的订单，展示的是可靠性。
- 当你面带微笑地对客户说："这件事我能帮您。"而结果你说到做到，这时你让客户感到放心。
- 如果你精心把自己打扮得整洁优雅，把自己的工作空间装扮得整齐大方，那么你很看重有形物。
- 在解决问题时，如你能敏锐地感觉到个体客户的需求，那么你表现出的是同理心。
- 当你注意到客户对产品的困惑，向其提供所需信息及帮助，那么你表现出的是良好的反应力。

这5个因素对你的客户都非常重要。在接下来的内容中，我们将更深入地探讨这5个因素，看看它们如何通力合作，带来让客户惊叹的服务。

小贴士

为了便于记忆，我们把每个因素的首写字母R、A、T、E、R合并在一起，得到简称RATER。试着用RATER把关于客户的知识组织在一起，例如，在关于史密斯先生的文件夹中反应力这一条目内，可以添加注释以提醒你这位客户更看重反应力，类似"这位客户很看重回电速度，尽快给他回电话"的文字。

“客户对于服务型公司的期待没有悬念：外在条件不错、有反应力、谦逊礼貌、有能力，因此让人放心，能够站在客户角度考虑问题，不过最重要的一点是可以信赖，因此必须说到做到、言出必行。”

——美国得克萨斯农工大学研究者，莱昂纳德·贝利博士

3

要素一：可靠

“不要接无法完成的任务，切记履行承诺。”

——乔治·华盛顿

作为美国独立战争时陆军总指挥，乔治·华盛顿非常清楚，数千人的生命和一个新国家的命运掌握在自己的手中。他必须言出必行、履行诺言，绝不能对局势判断失误。

作为服务专业人士，你正身处于另外一场革命——服务革命中。这场革命涉及的不是个人的性命，而是公司的未来。你与客户打交道的每次机会，都关系公司的未来。正是在这些机会中，公司的可靠性才逐渐确立。

如何履行服务承诺

可靠意味着履行服务承诺，即履行对客户的承诺。对客户来说，服务承诺包括 3 个主要部分：公司承诺、一般期待及个人承诺。

- 公司承诺。

公司通过刊登在网页或营销宣传页上的广告、公司函电和服务合同、服务保修书、公开发布的政策等向客户做出直接承诺。此外，客户也会记住公司做出的间接承诺——公司关于自己、产品及服务的言论中隐含的承诺。客户还会认为公司的承诺包括行业一般标准。

以客户对隔夜快递服务的期待为例。联邦快递是一家国际隔夜快递服务公司，公司承诺向客户提供实时邮件追踪业务。如果你想确认自己的邮件是否及时送达，只需登录联邦快递的网上追踪系统，就可以查到邮件目前的位置，如“正在卡车上，预计 15 分钟之后送达”。因此，在客户向其他快递公司提出“什么意思？你说不能告诉我邮件的准确位置？你们提供的是隔夜快递服务，你们应该知道我的邮件现在在哪里”这样的问题时，快递公司没有理由感到奇怪。不管是否公平，联邦快递制定了一个标准，同行业的公司不得不沿用这一标准。你的竞争对手有没有为你设定标准呢？

- 一般期待。

在每次服务接触中，客户对服务提供者都会有额外的期待。根据以往与你及其他服务提供者的接触，客户会对你能或不能提供的服务做出假定。如果你未能满足他们的期待，不管你知不知情，不管这期待是否与你以往的服务有关，客户都会认为你未能履行服务承诺。

例如，许多饭店都会提出类似“衣帽间内如有财物遗失，本店概不负责”的警示标语，然而，如果在进入饭店后，客人把财物直接交给服务员并由服务员放入衣帽间，他很可能会以为饭店向自己做出了确保财物安全的承诺。与客户自己把大衣放在衣架上不同，由服务人员从客户手中接过大衣然后放好，这一行为让客户对饭店有了保证财务安全这样的期待，即使饭店有明确的警告标语。

- 个人承诺。

大多数客户收到的服务承诺来自公司的服务人员。当你对客户说“我会马上告诉你答案”“在两周内您应该能收到邮件”“我明白您电脑发生故障的原因，下载这个软件支持系统就能解决问题”之类的话时，你是在向对方做出承诺，客户也会认定你将履行承诺。

了解客户期待是创造令人惊叹的服务的第一步。通过向客户及同事提问并真心倾听，可以掌握关于客户对你履行服务承诺的期待的详细信息。

管理服务承诺

服务承诺可以而且应该被管理。一旦了解客户的期待之后，你将开始面对一项任务，那就是使客户的期待与公司提供的服务相一致。如果你做得好，客户会认为你和你的公司是可靠的。

假设你在一家定制家具店做销售员，简·杜威走了进来，她想买一张桌子和一个书柜。这是她第一次购买定制家具，因此她并不了解定制家具的行业标准，她以为店里会有很多存货，因此定制好家具之后随时可以把家具带回家。你面对的挑战是改变她的期待，使其与家具店的服务标准达到一致。

你带她参观店内的书桌和书柜等样品，向她宣传公司对客户的承诺——对产品质量的重视。也许此时店内正好有定制家具制造过程演示，那么不妨趁机通过个人承诺向她强化公司的信息："我们的定制书桌把最精湛的工艺和最能满足您需求的产品特色很好地结合，保证让每位客户满意，如果今天能把设计方案定下来，那么两周之内您就可以收到书桌了。"

现在，简已经了解了家具店的服务承诺，她可能觉得为了买到理想的书桌，就算等上两周也值得。如果她确实有急用，必须当天就买到书桌，那么你就没办法改变她的期待，但至少她已明白定制产品和预制产品的区别。此外，你的高品质服务也给她留下了深刻印象，说不定她会推荐自己的朋友或同事来你的店中购物。

修复未被履行的承诺

有时候，怀着良好的初衷，我们做出了某些承诺，却无法履行。虽然我们想尽一切办法避免错误的发生，然而总是会有各种各样的问题出现。不是每件可能影响客户消费体验的事情都在我们的掌控之中。那么在服务承诺能被履行时，我们该怎么做呢？首先是道歉，在客户与你联系之前，主动出击，先与客户取得联系，不要把时间浪费在推卸责任上，向客户坦诚说明问题发生的原因。然后调查该问题是否引起其他问题，并立刻找出弥补的办法，“亡羊补牢，犹未晚也”。说不定可以趁机找到拯救公司可靠性的机会呢。

小贴士

切忌为了达成交易而做出过分承诺。在现如今的经济体中，人们对于服务非常敏感，交易完成并不是服务的结束，而是开始，履行承诺、说到做到才能证明公司的可靠性。

假如简·杜威，也就是上面例子中来店里购买书桌和书柜的客户，期待两周之内收到产品，但是你刚刚才得知货物被耽搁了 3 天，要不要给简打电话说明情况呢？如果不打，那么可以想象，当书桌没有按时送达时，她一定会打电话问你。如果到那时她才得知产品被延误，她可能很不开心。然而，如果你采取主动，提前给她电话，那么她可能更容易接受。或者，万一她有重要会议，家具必须按时送到她的办公室，那么你可以为她安排其他家具以备临时之用。救人于危难之时的你，会像做了好事的英雄一样为自己（和公司）感到自豪。

服务标准的一致性与可预测性

可靠性很大程度上来自客户购买体验的重复。当你的服务每次都能令客户满意时，你做到了服务的一致性。不管客户以什么方式与你取得联系并提出服务要求，你的服务标准应该是一致的。例如，客户在网络上向你咨询时，你的回复质量为客户制定了期待标准。当她打电话想要退货或咨询是否能在实体店购买到同一产品时，你的回应质量必须不能低于之前在网络接触中的标准。如果新一次的电话沟通符合甚至超出她的期待标准，那么她会相信你的公司自始至终地提供高质量服务。而且，她会根据这一次的接触对以后接触中你的服务标准进行预测，这里就有一个“可测性”的成分。如果在服务接触中，客户的感觉很糟糕，那么她对你和公司的一致性、可测性及可靠性的评价一定会很低。

“你无法向客户保证一定会有艳阳天，但是你可以承诺在下雨时为他们撑起一把雨伞。”

——某家公司客户服务中心的标语

4

要素二：放心

“前后一致的优质服务包括两个同等重要的要素：关爱与胜任力。”

——切普 · 贝尔、罗恩 · 泽姆克

在众多公司盛行的“微笑培训”反映了公司改善服务质量的强烈愿望，但是，难道仅仅是一句温馨的招呼和一张开心的面容就能满足客户的需求和期待吗？客户服务专业人员非常清楚，能让客户满意的要素，远不止微笑的脸。

如果表现友好和亲切的笑容是全部答案，那么优质服务未免太简单了，显然这不是事实。不要太幼稚，诚然，谦逊、礼貌和文明的举止非常重要，如果把客户当成尘土和草芥而不屑一顾，客户会让你很难看，但是谦逊有礼并不等于能力和技巧。

在电话沟通时，服务人员表现得非常友好和亲切，却未能修复客户的网络连接问题或杀掉应用软件感染的病毒；家居装饰店中的员工非常热情地陪着客户参观产品，却不知该如何帮别人挑选合适的水管材料。当然两位服务人员的服务态度可以获得高分，但专业知识的欠缺，使得他们在服务接触中不能达到令客户满意的程度。

当提供令人惊叹的服务之时，你通过自己的言行举止向客户做出保证，让他们相信你是一位受过良好培训、技术熟练的服务专业人员，他们信赖你，因为在工作中你充分表现出能力与自信。

现在，客户希望得到放心的服务，希望舒适地接受服务，要做到这一点需要的不仅是掌握若干简单的交际技巧，真正能让客户流连忘返的东西是形式与内容的结合体。

劣质服务会赶走客户

令人惊叹的服务专家深知，不适当的服务将严重影响公司的前程。一项关于零售业的研究报告说，客户离开实体店铺转向网络购物的首要原因是“销售人员对他们产品的了解还不如我多”。另外一项对汽车行业的研究显示，2/3 的购车者不会在同一家汽车经销店重复购车，其中的原因与汽车本身的质量无关，而更在于汽车销售大厅销售人员所要的花招及车辆维修时受到的冷遇。有了互联网，人们可以获取大量可比性资料，因此越来越多的客户在购车前就已经掌握了一定的产品信息。新泽西州 Morris Plains 市的辉瑞客户服务部门副总裁切普·霍尔纳说：“客户进行的产品研究要比以往多得多，他们到网络上研究各种资料，只把最棘手的问题留给电话或网络客户服务人员。有时，客户提出的问题难度非常大，我们必须做好充分准备，注重各种细节，才能解答好客户的问题。”

正因为如此，令人惊叹的服务对公司、客户及客户服务人员的职业生涯均有积极的影响。优秀的服务人员将脱颖而出，而提供优质服务的人也必将前途无量。所以，作为服务专业人士的你有必要把内容（服务内容）与形式（服务方式）相结合，取得客户的信任，让他们感到放心，并对你念念不忘。

如何让客户对你放心

让客户放心的要素涉及管理客户的信任感。客户之所以信任你，是因为你诚实可靠的品质、丰富的专业知识与技能。支持服务形式的东西是内容，而服务内容包括 4 点。

- 产品知识。

客户期待服务人员了解产品的性能特色、优缺点等，不管你的公司是产品生产商还是经销商。拿着产品说明书照本宣科的销售人员不可能给客户留下胜任的印象。此外，还有必要了解自己的产品与同类产品相比的优势，对整个行业的知识或许能让你脱颖而出。

- 公司知识。

客户期待服务人员拥有丰富的公司知识，了解自己的公司。只有充分了解自己的公司，当你自己的岗位职责无法满足客户的需求时，才可以帮忙寻找到合适的人员。你有能力帮助客户轻松地完成在你的公司内的所有消费行为吗？

- 倾听的技能。

客户对你的期待包括：倾听、理解客户的特定需求并就此做出反应；提出相关问题，引导客户提供必要信息；第一次就能听清楚客户的谈话内容，避免重复解释；如果无法满足某个需求，对客户坦白相告。

- 解决问题的技能。

在向你说明问题时，客户希望你能快速捕捉到他们的需求并迅速与公司提供的服务联系到一起。如果出现问题，他们期待你有能力快速解决问题。

客户喜欢的服务人员的个人风格

到医院进行年度体检时遇到了行为粗鲁或心不在焉的医生，虽然体检结果一切正常，但对于体检的人来说，绝对不会是什么开心的经历，这和医生的专业技术无关。一旦你拥有了胜任力，那么真正让你脱颖而出的是自信的个人风格。第一印象很重要，在经典著作《交流：最初 4 分钟》（*Contact: The First Four Minutes*）中，莱昂纳德和娜塔莉•祖宁提出："在任何交流中，最初的 4 分钟类似于演员的试镜。"在某些客户服务场合，你的时间甚至不到 4 分钟，许多交易是在 20 ～ 60 秒完成的。

但是第一印象仅仅是开始，对于服务业，你言行举止的每个细节都在传达你的服务风格，如着装风格、走路与说话的样子、发送的问候邮件风格、倾听及倾听方式，以及是一直待在桌子或收银台后面与客户沟通还是会走到前面，与客户是否有眼神交流及眼神交流的方式，是否回复客户要求及回复方式，此外，还包括在已结束服务但仍在客户视线范围之内时你的言行举止，你对于排在队伍前面的客户的服务态度等。

自信、博学、彬彬有礼、行动敏捷的服务人员，关爱、体贴的服务，有哪位客户会不喜欢呢？

"在做出承诺之前，我总想把情况了解清楚。后来我逐渐意识到客户真正需要的是我在把问题搞清楚之前就向他们做出承诺，这样他们才感到放心。"

——半导体制造公司客户服务代表

5

要素三：有形物

“在客户看来，客户服务应该是看得见、握得住、踩得着、伸得进、听得见、闻得到，能够携带、触摸、使用乃至品尝的，能够摸得到或感知得到的东西。”

——超级美国培训项目

很难用有形的事物来描述服务，服务是很模糊的。有什么度量工具可以用来衡量证券经理人的投资建议或室内装潢师的装修建议呢？和医生或汽车技师交流 20 分钟未必就比 10 分钟受益更多，也未必比 30 分钟受益更少。服务质量，而不是投入的时间才是关键。在服务这个行业，有很多东西是无形的，这给这个行业带来一大难题。

然而，在每次服务接触（Service Encounter）发生之前、当时或之后，总是有一些有形的东西影响着客户对服务质量的判断。假如你在酒店工作，一位客户问你附近某家饭店的位置，你为他指路，这是无形的，而如果你画了一张地图来告诉对方饭店的方向，那么你的服务就成为有形的。如果在客户问路时，你立刻拿出一张提前印制好的上面有明确路标的地图，那么你的服务既是有形的，又是令人惊叹的。掌握令人惊叹的服务之道的第三个关键是了解无形的服务是如何在有形物的帮助下达到令客户满意和印象深刻的。

以外出就餐为例。

- 在走进饭店之前，你会根据饭店的有形属性对它进行评价，包括你见过、听过的饭店广告等；在开车前往饭店时，你会对饭店选址及周边环境进行评价，停车时会观察停车场是否整洁；在路上，你闻到的是美食的余香还是垃圾车内大量剩菜的腐烂味道？饭店外观和周边环境维护得怎样？广告牌上的字是否清晰可读？广告灯箱是否明亮？
- 随着你走进饭店正门，脑中关于饭店的自问自答依然在继续。老板或老板娘的态度是否亲切？就餐环境是否整洁优雅？（如果脏兮兮的，你是不是想换一家餐厅就餐呢？）餐厅内有存放大衣的地方吗？在无须问路的情况下，你能很容易地找到洗手间吗？
- 在就餐时，你会评价其他有形物，菜单上的菜品是否齐全、新颖？

餐具怎么样？附近的服务员给就餐的小孩子送了一顶有趣的小帽子，不远处有一位服务员为正在庆祝生日的客户送来了气球助兴。此外，你还会注意观察饭菜的卖相：菜品是否精心摆放？和海报上的图片是否一模一样？当然菜品的味道是一项重要指标。

- 就餐之后，还有更多有形物等待你来评判。服务员送上来的账单是否整洁？费用计算是否正确并且条目清晰？有没有多收费呢？哦，对了，你去了洗手间，洗手间的情况怎么样？如果账单上写的是19.01美元，你拿出20美元的整钞付账，服务员找你的是99美分的零钱还是干脆找回一张1美元的整钞？

4种方法让你在客户心中留下好印象

有形物可以传达无形服务的价值，是你指导并协助客户对服务质量进行评价的重要方法。管理服务接触中的有形物，可以为客户留下令其难忘的印象。

小贴士

在帮助某位客户估计购买成本时，无论涉及的产品是家庭影院设备还是眼镜、地毯等，把你的估算清楚地写在一张纸上，并在纸上留下你的名字、手机号码和电子邮箱地址。这样，客户会很方便地把你的估算当作参考，也会容易记住为自己提供如此细致、周到服务的人。

下面列出 4 种在职场环境内管理有形物的方法，它们有助于你在客户心中留下好印象。

第 1 种

对自己的仪表感到自信，对即将提供给客户的资料充满信心，亲自把资料整理好和交到客户手中，而不是随便向客户甩过去或让客户自己寻找材料和进行整理。如果通过电子邮件或信函向客户发送订单确认单、报价单或其他资料，确保文件简单易读，语法和语言表达没有错误，以此表现你的专业能力。珍视你的资料等有形物品，客户就会尊敬你的服务，而且会铭记于心。

第 2 种

当客户把名字、电话号码、电子邮箱地址、网址或其他信息告诉你的时候，马上把信息写到纸上、笔记本或其他地方，这显示出你对信息的重视。为避免记错信息，向客户进行确认，要知道，许多客户不愿意公布自己的个人信息，因此要确保让他们放心，保证信息不会被泄露。

第 3 种

确保客户看到的（触摸到的）你的工作环境是整洁、安全的，尽量让客户感到舒适。

第 4 种

给客户发电子邮件确认函。即使许多客户已经习惯于网络购物，大多数人仍然希望获得一张纸质收据和产品（服务）订单确认单。有些客户虽然并不在乎是否收到订单确认单，但他们想确认你是否收到邮件。如果不能立即回复客户提出的问题，那么在获得信息之后进行回复。一旦需要进一步的信函沟通，那么及时的回复可以缓解客户的顾虑。

当客户向朋友及同事（可能是你的下一位客户）描述你的服务时，会集中在对有形物的观察。为了让客户重复光临，有必要通过有形物表现你和你的公司的服务。

"第一印象最持久。"

——美国谚语

6

要素四：同理心

“每位客户是不同的，客户也是人。”

——斯坦利·马科斯

每位客户都是一个个体，拥有独特的需求、愿望、期待、态度与情感，在接受服务时，每个人都希望自己的个性得到尊重，没人希望自己只被服务人员当成一个代号，因此识别个体客户的情感状态，有助于你迅速找到针对性的服务方法，为个体客户打造个性化的服务。

如果你是一家豪华酒店的宴会经理，那么你该如何应对下面这两位客户呢？

- 汤姆·切诺走进宴会办公室，他看起来有些紧张和不安。他正在计划为共事 10 年的老板举办一次特别退休舞会，很显然，之前他从来没有组织过这样的活动。
- 多丽丝是组织特别活动的资深老手，今年将是她第四次组织销售部的年度庆祝会。走进宴会办公室之时，多丽丝已经很清楚自己来到这里的目的。你甚至可以清楚地看到她脸上写着："你们只需要站在后面听指挥就好。"

你怎么对待汤姆和多丽丝这两位客户呢？对于汤姆来说，必须让他觉得舒服，让他对项目企划流程感到满意，并因为有你的支持而感到放心。

> "汤姆，我会一直和你一起来完成这件事。你可以多给我讲讲具体的情况，然后我会陪你一起逐步完成项目企划流程。"

但是如果你和多丽丝也这么说，可能会让她震怒。你好心好意向她耐心解释，她却认为浪费时间，因为她和汤姆不同，如果你对她在之前接触中表现出来的智慧表示欣赏和钦佩，那才正合她意。

> "你好！多丽丝。很高兴有机会再次和你合作。我注意到你已经购买了一切必需的物品，你总是让我的工作变得非常轻松，现在让

我迅速查看一下是否有什么问题。”

只有尊重客户的个性，才能更好地满足每位客户的个体需求。

区分同理心和同情心

无论客户表现出来的是小心翼翼还是自信满满，你必须了解他们想要传达的信息和对服务的感受，因为这才是他们关心的重点。但是如果你让情感成为主宰力量，那么可能失去自我掌控力，让局面陷入客户的情感世界中，尤其是在出现问题时。

在处理客户情感时，有必要对同理心和同情心进行区分。两个词都涉及如何处理他人的情感。许多人并不知道这两个词的区别，但其实很有必要搞清楚它们的区别。

- 同情心指承认乃至感受另外一个人的情感。一个富有同情心的例子是：“我真的也很不喜欢摆在中间的那些装饰品。”
- 同理心指承认并认可另外一个人的情感状态。下面这样的回答就隐含着这种情感："我能注意到你真的很不喜欢摆在中间的那些装饰品。"

小贴士

如果作为服务人员的你沉湎于消费者的不幸遭遇而无法从中抽离，那么你和他都将成为受害者。作为服务专业人士，你必须清楚事件与经历事件的人之间存在巨大差别，专心关注事件本身，使之回到正常轨道。

展现同理心的重要性和技巧

如果在与客户沟通时同情心泛滥，你会变得和客户一样紧张，仿佛你把自己推进一个情感的"过山车"，一趟下来，筋疲力尽。处理客户情感问题的关键是能感同身受同时又能保持自己的情感独立。相比之下，在回应客户时表现出同理心而不是同情心，将有助于你保持镇定自若，展现最佳状态的你：整装待发，时刻准备着满足客户需求或解答他们的问题。

其实，对客户表现同理心的过程，也是展现专业知识和人情味的过程，在这个过程中，客户将逐渐认识到自己的价值和重要性。只有在人与人之间的交流中，才会有同理心的存在，它是无法用机器代替的。人情味对令人惊叹的服务的重要性无可替代，人情味才是成就高质量服务的关键，也是服务工作的真正回报所在。

使用同理心需要一定的技巧，有些人天生就拥有这些技巧，而有些人需要后天学习才能掌握它。就像所有的技能一样，熟能生巧。先在一个比较安全的环境中练习使用同理心的技巧，可以在家练习或和同事练习，然后再到客户当中实践。

参考下面列出的步骤，雕琢属于自己的同理心语言。记住，关键是真实与诚恳，你的关爱和体贴将会进入客户心中。

同理心语言

- 导入
  —我听说……
  —我注意到……
  —对我来说很清楚……
- 承认对方的存在
  —你……
  —我听说你……
- 描述感觉
  —生气、沮丧、焦虑、失望、紧张、困惑、奇怪……
- 描述处境
  —因为……（信息内容）

小贴士

通过使用上述同理心语言，找到适合你的岗位的同理心语言。

下面是部分同理心语言的实例。

“从您的声音中可以听出，我们未能及时接听您的电话让您觉得很沮丧。”

“您的绝望我听得出来，您可能会觉得没人能帮您解决问题。”

“我注意到，我们公司退货政策的变化让您感到意外。”

小贴士

倾听客户、恰当称呼客户的名字、与客户谈论之前的合作、为客户长久以来对公司的惠顾表示感谢，以此来证明你的同理心，让你的服务打动每位客户的心灵。

客户会很在意体贴周到、知识丰富的服务人员表现出来的人情味。从情感上与客户建立联系，客户会非常赏识你的工作并且永远记住你。

"客户不在乎你知道多少，直到他们知道你有多在乎。"

——数字设备公司客户服务部

7

要素五：反应力

“适时献上的一朵玫瑰的价值，远远高于迟来的贵重礼品。”

——作家、励志演说家，吉姆·罗恩

时效性从来都非常重要，尤其是在当今时代，只有迅速反应、及时行动，才能占据主动，生意兴旺。在当今这个时代，有些公司创建的目的甚至只是为了提高服务速度，看下面的例子。

- 联邦快递之所以取得世界范围内的成功，正是凭借其“绝对、肯定、随时”式信件和小型包裹快递服务。
- 亮视点眼镜店承诺“定制眼镜，只需 1 小时”。
- 在谷歌网站，只要点击鼠标，即刻可获取海量信息，这正是谷歌成功的秘诀。
- 只要在网络鞋店 Zappos.com 下了订单，次日即可收到货品，凭借对时间的重视，Zappos 的回头客越来越多。

很遗憾，在时效性这个大市场中，全国知名公司的表现远逊于小型公司。如果你注意观察，会发现如今注重时效的服务遍布大街小巷，如当日干洗服务、地毯隔日铺设、24 小时自动取款服务等。同时，越来越多的传统制造公司试图启动准时生产技术管理（JIT），要求物资及时送达，甚至有时候要求物资在最后期限送达。

面向时间观念较强的客户推出针对性服务的公司数不胜数。有了各种软件的帮助，服务提供商可以迅速检索到客户发表的帖子或微博，速度之快，不可思议。甚至这一头儿，客户发帖子的手指还没有离开键盘，那边儿公司就已经检索到帖子了。这些排头兵公司的成功为客户的期待制定了标准，因此，客户会以为处于同一行业的你也一定乐于而且有能力提供同样的服务。这也难怪客户的要求越来越高。当客户注意到其他公司的承诺和服务越来越快时，他们会期待你也提供同样快速的服务。

设定服务期限并按时交付

有时候似乎人人都希望自己的问题可以马上解决，但是就此得出“每位客户都想立刻得到服务”这一结论未免太草率。同时，如果在提供服务时，你总是不紧不慢，显然会给客户留下拖拉的印象，这样难免会影响你及公司的反应力得分。

先要搞清楚客户的需求及要求。“我两天之后要穿这件衣服”“在放入整理箱之前我想把这些冬装干洗一下”，这两句话显然有很大区别。建议从与客户的对话中寻找信息，然后恰当安排交付时间，如果你这么做，十有八九客户会认可你提出的交付时间。假如你提出的时间不符合客户要求，那么他会直接告诉你，然后你们共同商量出一个更合适的时间即可，如果你考虑客户的需求，他们会很感激，并且会铭记在心。

小贴士

如果没有十足把握，不妨问问客户：“您想什么时候来取衣服？”说不定对方说出的时间正合你意，有的客户甚至会和你商量：“你什么时候能洗完呢？”与客户沟通交付时间还有一个好处，那就是可以提高客户的控制感和参与感。想想看，当感觉对生活和周围事物有一定的控制权时，你会不会觉得很开心呢？

期限固然重要，不过期限是人定的。当你对客户说“今天下午就能洗好。”或“今天我会发货。”你在客户心中建立起期待，同时为自己设定了期限。因此，在设定期限时需要慎重，因为期限一旦设立，它就成为客户衡量你工作好坏的标准。在客户心中建立实际、合理的对反应力的期待，然后设法满足，这就是令人惊叹的服务的秘诀。

客户必须等待的情况

客户最方便的时间就是最合适的时间，但时间并不是衡量服务质量的唯一标准。其实，客户心生不满的原因常常来自不确定性。研究表明，等待之所以让人无法忍受，是因为等待时间的不确定性。因此，先发制人要好于事后弥补。

前不久一个周一的早晨，我的一位朋友去修车，在一整天也没有收到修车行的消息之后，下午她终于忍不住给修车行打电话询问，才知道修理师根本还没有检查他的汽车。她非常生气，她一整天都在等着去取车，当天的工作都被耽误了。如果修车行能早点儿告诉她修车的时间，那么她就不会白白浪费一天的时间，当然修车行也就不会失去一位客户了。

对于客户来说等待多久才是合理的呢？你要心中有数。根据美国权威餐饮期刊《餐厅和机构》（*Restaurants & Institutions*）的一项研究，在前往快餐店就餐的客户心目中，5 分钟以内就算是“快”，而家庭餐馆的食客却乐于为吃上特色家常菜而等上半小时。同样，在零售业，客户对时间的期待因时间段或季节而不同。例如，相较于慵懒的周日午后，在午餐时间客户等待就餐的耐心和意愿要更低。

小贴士

如果客户不能与你当面交流，那么一定不要让客户等待太久，因为相对于当面交流，在非当面交流时客户的担心程度要高得多。

想想你当客户时的情形。你正在银行排队，前面的客户坚持用零散硬币还贷款，或者你打算买家具，但制作家具必需的橡树还没有播种，你会是什么感觉？最让人难以忍受的是其中的不确定性，在我有生之年还有没有希望得到我想要的家具？同样，乘客们已经在飞机上坐下，但预计起飞时间已经过了，飞机却还没有起飞，这时，如果飞行员解释航班延误原因，而不是任由乘客胡思乱想，将更能保持客户的耐心。

作为服务专业人士，你数钱的速度已经非常快了，你不可能让树一夜之间长大，或让飞机及时起飞，但是起码你可以减少客户在等待过程中的恐慌情绪。及时告知客户事件的最新进展，表述要尽量具体："我现在正在为其他客户提供服务，15 分钟之后应该有时间，如果您现在想随便逛逛，那么等我事情办完之后去找您。"

在面对面的服务环境中，未必非要用语言表达对客户的关注。引用一位餐厅老板的话："和客户进行眼神交流，通过行动告诉客户——'我知道您在那儿，我很快就过来为您服务'。"

"我们的服务人员会快速回复您的请求。速度真快哦，来电话了，快点行动！"

——某网络服务提供商的广告

8

客户并不总是对的，但客户总是客户

我们的政策

规则一：客户总是对的。

规则二：如果客户错了，参照规则一。

——康涅狄格州 Norwalk 市

Stew Leonard 奶店

这几行字就刻在 Stew Leonard 奶店门外一块重将近 3 000 千克的石头上。Stew Leonard 奶店是世界上最大（也是利润最高）的奶品店。

但是，他们错了。

经营 Stew Leonard 奶店的老板为什么要如此高调地在店门前标榜“规则一”“规则二”呢？因为每位员工都非常清楚，而且每天都在经历着这两条规则背后的真相：客户并不总是对的，但客户总是客户。

客户的对与错

毫无疑问，客户并不总是对的。实际上，这么说是有科学依据的，美国知名服务研究公司，总部位于弗吉尼亚州阿灵顿的 TARP 公司开展的研究已经证实了这一点。该公司的研究表明，在所有客户投诉的服务及产品问题中，有 1/3 的问题原因在于客户。如果盲目地认为客户总是对的，可能会对你及客户造成不良后果。

注意，“客户总是对的”这一思维模式可能会把解决问题与客户教育推到死胡同。如果不承认客户的错误和对重要概念的误解，那么不可能从根本上解决问题。许多时候问题的产生源于客户的自身行为，但根本原因是我们并没有告之以正确的做法。虽然我们对产品和服务相当了解，却没有教授给客户足够的知识。

更危险的是，“客户总是对的”这一思维模式会让服务提供者一开始就处于劣势。因为它好像在对服务人员说：“客户花钱不是请你来思考或提问的。你要做的是对客户微笑，按照他们说的做事。”难怪在这样的服务文化中，服务被看作低三下四的行业：“你好！我的名字是派特，今天晚上我是您的个人奴隶。”

如果盲目认为客户总是对的，那么一旦发生问题——发生问题是早晚的事，那么一定是你的错。但是你非常清楚，这并不是事实。如果你在麦当劳当服务人员，有客户走进来点肯德基套餐或必胜客的比萨饼，孰对孰错，一目了然。但是要记住：作为服务人员，你的职责是管理客户并接触、留住他们，你可以对这位客户说：“很抱歉我们现在没有这两款产品，但是我们有另外一些美味可口的食物供您选择。”

客户是公司存在的唯一原因

客户是公司存在的唯一原因，客户永远是客户（而不是麻烦制造者、敌人或克星），明白这一点会让你专注于最重要的事情——留住客户。每次服务的目的都是，也必须是让客户满意，以至于他们会再次光临。

作为服务专业人士，你手中拥有留住客户的力量，但是你必须见机行事，必须熟知自己的产品和服务。你必须明白：客户和服务人员一样，也是人，他们有人的缺点和情感。当客户犯了错，你的责任是利用自己的技能帮助他们改正错误，当然不能让他们感到尴尬或受辱。

保证客户做对事的方法

1. 假装无辜。

在法律界有“疑罪从无”的惯例，在服务界却恰好相反，服务人员往往主动承认错误，即使自己未必是过错方，但是客户未必会买账。客户的抱怨似乎在谴责你，但不能因此而把所有过错和责任统统揽到自己身上，其实有时候客户只是对你诉说自己的需求或指出你给予的信息不足、有误，因此谨慎言辞，如果不能确定是谁的过错，不妨假装无辜。

“我明白了。这张碟是 CD-R 格式，不是 CD-RW 格式，只能写入一次文件，不能重复写文件。我可以为您做的是……”

2. 寻找“教导”机会。

在误会发生前，是不是未能及时为客户提供必需的资料呢？如果有，那么亡羊补牢，为时未晚。

“很高兴您提出这个问题。您需要的信息在您的信息袋内，它夹在很多文件里，很容易被忽略。让我们从信息袋里找找看。”

“很遗憾您不喜欢这个糖果盒，但是盒子上这个卡通人的头本来就应该回到原来的位置，只有这样才能从里边把糖果取出来。如果您想退款的话，我愿意为您办退款手续。”

小贴士

对生气的人讲道理没有用。当客户生气时，不可能听得进你的“教导”:“要是您当时记得……就不会发生这种事情了。”无疑，如果选错讲道理的时机，会雪上加霜，让客户更觉愤怒。因此，如果客户有失误行为或未能准确理解信息，尽量避免让客户尴尬。

3. 相信客户。

有时候你认为过错完全在客户，事实却证明他没有做错什么，或许只是没把问题解释清楚而已，如果不分青红皂白，完全否定他的要求或投诉，那么结果会让你非常尴尬。当没有把握时，选择相信客户说的话。

"让我们查看一下广告宣传单，上面写的是这款型号产品的价格，不是您购买的那款产品。是这样的，看！在这儿呢。谢谢您为我们指出不足。我们会尽快修改货架上的价格标签，方便客户比较各个型号产品的价格。"

非正当消费行为

要是客户利用公司的服务标准投机取巧，获取非正当利益，你怎么办？真正不诚实的客户极其罕见，尽管的确有这样的客户，但大多数客户都很诚实守法，也愿意接受公平的标准。

那么合法消费行为与欺诈性消费行为的界限是什么？我们的建议是遵循"三次出局"原则。例如，客户未能准时退回视频怎么办？原则是：如果是第一次，那么算了；第二次，也算了吧。前两次不要追究客户的责任，但是如果同样的事情发生 3 次，那么不可以再容忍，这位失去信誉的客户最终将为自己的行为负责。

假如客户犯了错，你却仍然当他是对的，这势必会影响公司的利益。其实，我们曾针对这一问题专门撰写过一本名为 *Knock Your Socks Off Service Recovery* 的书，不知该如何与客户沟通的服务人员，不妨把它作为不错的案头参考书收藏。

"不要推卸责任。要解决问题。"

——日本俗语

第2篇

通往令人惊叹的服务的路

卓越的客户服务就好像一幅美丽的织锦，而织锦的材料是客户看重的服务人员的个人行为。这些单独的行为凝聚在一起，组合成一幅美丽大方的图案，让客户过目不忘。要想掌握这些个人行为并不难。

你是否认真倾听、努力理解和回应每位客户？你是怎样与客户面对面进行沟通的？你的电话沟通能力如何？你使用 Tweet 或聊天软件与客户接触吗？写在信纸上或电子邮件内的文字、对客户需求的预测等，都是客户评价服务质量的依据。

如果在这些个人行为中，你展现出良好的能力和技巧，那么它们将为你的服务加分，助你实现提供令人惊叹的服务的梦想。

9

诚实至上，坏消息也要告诉客户

“事出皆有因，任何事情背后都有两个原因——似乎合理的原因和真正的原因。”

——金融家，J·P·摩根

当谈到客户服务时，诚实总是最好的原则，也是唯一的原则。有些话你必须要说，如果不说，对客户不利，但客户听到后可能会不开心，所谓忠言逆耳，该说的话必须要说，因为欺骗或误导客户的后果要严重得多。

为什么要把坏消息坦白告诉客户，有两个原因。

第一，撒谎的结局总是自食其果，而且谎言往往在你最不设防的时刻露馅。位于奥兰多市的康奈兰集团总裁汤姆·康奈兰给我们讲了拉尔夫的故事。拉尔夫在密歇根州一家公司工作，主要负责船运事务，他发明了一种他自认为非常聪明的防止客户抱怨的方法。每天早上他总会带着3份报纸来上班，《纽约每日新闻》、《芝加哥论坛报》和《洛杉矶时报》各一份。他总是认真浏览报纸，然后把报纸上和运输事故相关的新闻圈出来，如关于火车脱轨、落基山雪灾、东南部卡车司机罢工之类的报道。

然后，如果当天有客户打来电话投诉货物没有按时送达，拉尔夫会让他稍等，自己在报纸上找到一则类似的报道，然后问对方："您有没有听说昨天晚上沃斯堡市城外发生的火车脱轨事故呢？没有？好吧，昨晚发生了脱轨事故，您的货物就在那列火车上。我很想帮您，但是这次延误我没有能力解决。我相信您能理解。"

整整一年，拉尔夫的把戏演得一直很圆满，直到有一位客户起了疑心，因为在他从公司购买的5批货物中，有3批都不幸遭遇"事故"。于是他开始寻找真相。长话短说，他搞清了拉尔夫的伎俩，把拉尔夫就职的公司拉进了"不可信赖公司"黑名单，然后他给公司总裁写了一封言辞激烈的信。你应该猜得到拉尔夫的结局吧？

第二，客户在意你的诚实。是的，产品出现了问题，或者客户要求的发货日期不现实，这时你会怎么办？讲实话或许并不容易，但是如果直言真相的同时也让客户相信你会努力解决问题，那么对方会认为你性格直爽、真诚，并会因为你讲真话而信赖你。

礼仪小姐朱迪丝·马丁女士被《Frequent Flyer》杂志评为“女性礼仪权威”。她提到了一个相关案例。最近有两个航班由于天气原因延期起飞，在杂志中，她是这么描述的：

> 第一架航班上的机组人员没有告知乘客航班的最新状况，在乘客提出枕头、毯子、水等要求时也未能提供令人满意的服务。
>
> 第二架航班上的机组人员为航班延误道歉，并为乘客的日程安排提供建议，及时向乘客通告最新进展，竭尽全力让客户感到满意。

那么，哪架飞机上的乘客更愿意把信任交给机组人员呢？你认为在下次出行时，“礼仪小姐”会选择哪家航空公司呢？

为了自己保持诚实

其实，为什么要对客户以诚相待，还有第三个原因：你自己的感受。有一位朋友曾经就职于一家现已关闭的电视购物网站。她当时在投诉部门工作。如果客户打来电话投诉产品缺陷，她必须要用“很抱歉”“我们向您道歉”之类的语言平息客户的愤怒。

但是问题是，这家网站出售的产品大多是处理品，几乎每个产品都或多或少有些小瑕疵，对此每位员工都心知肚明。我的这位朋友的职责是负责安抚打电话投诉的客户。其实有勇气打电话投诉的客户寥寥无几，网站负责人很直接地对她说，在收到劣质服务或产品的客户当中，只有 4% 的客户会投诉，这正是网站的生财之道。

那么这家网站是否为打电话投诉的客户办理退款呢？那当然了，这正是网站笼络客户的手段之一。那么我朋友的工作有没有减少投诉者的愤怒呢？当然有，至少客户有了发泄的对象。

小贴士

一个人对工作岗位的自我感觉非常重要，对于自尊心的影响不亚于他作为家长、爱人或朋友的自我感觉。有什么工作如此重要，以至于你甘愿撒谎呢？工资再高也无法补偿因欺骗他人而产生的愧疚感。或许，在对客户以诚相待这个服务原则背后，是自己对自己人格的忠诚。

半年之后，她辞职了，为什么？“因为，”她说，“明知道是在欺骗客户却还要这样做，我再也无法忍受这样的工作了。”

“对小事马马虎虎的人，不能托付大事。”

——阿尔伯特·爱因斯坦

10

一切规则都是用来打破的（包括本条）

“规则的作用是服务，不是奴役。”

——软件程序员的格言

规则无处不在。在日常生活中，常常和我们打交道的规则可分为两种——正式规则和非正式规则。前者包括法律和政策，如“红灯时禁止左转弯”“退货时必须携带收据”等，而非正式规则主要来自习惯或经验，如“撞到他人应该说‘对不起’”“交通高峰期间出行多预留时间”等。

所有规则都有同一个目的：让生活更加有效率和有秩序，有时我们把这个目的称为“法的精神”，但不是所有规则都能体现法的精神。事实上，有时候规则恰恰与我们所要达到的目的背道而驰，如果过于讲原则，可能事与愿违。正因为如此，致力于提供令人惊叹的服务的服务人员有必要弄清哪些规则能够帮助自己成就梦想。

规则和假设

在生活中，我们如此习惯于规则的存在，以至于当并不知道某个问题的答案或无法独自做决定时，我们常常会在心中杜撰出一个规则以供参考。在紧急时刻，我们也可能把别处的规则拿过来以解眼前的燃眉之急。

假如你刚刚才从事收银工作，有一位客户要求你在开购物票据时多开出200美元，你不知道店里是否有相关政策，附近也没有可问的人。你怎么办？

- 你可能会假定这样做不符合商店规定，因此拒绝客户的要求。
- 你还可能根据上一份工作得来的经验，给客户多开出50美元或10美元。

以上两个选项都有可能发生，因为它们可以帮你解决问题，你不需要对客户说：“我不知道是不是可以这么做。”但是其实不清楚规则是很正常的事情，既然不知道，那就想办法了解规则，这样对你、对客户都好，也只有设法了解规则，你才可以更好地了解这份工作。建议再碰到上述情形时，去了解规则，而不是假定某个规则的存在。

一位朋友提到有一次去堪萨斯城出差的经历。那天她工作了一整天，没有吃午餐，晚上饥肠辘辘地回到酒店。她看了看酒店的菜单，没什么想吃的，于是她打电话给客房服务部，问服务人员可否点一份烤鸡胸加沙拉，对方说："菜单上没有这道菜。"我的朋友解释说："我知道菜单上没有，但是我真的很想吃这道菜，你们能为我准备一份吗？"沉默之后，对方答："嗯，菜单上没有这道菜。"长话短说，那天晚上她没有点菜。在她住过的许多酒店，客房服务人员总是会热情地满足她的类似要求。如果她的朋友要她推荐堪萨斯城的酒店，你猜得到她会强烈不推荐哪家吧？

红色规则和蓝色规则

规则很重要，因为规则可以保障公共安全。经验告诉我们，某些事情一旦发生问题，可能会带来非常严重的后果，提前制定规则可以帮助我们预防事故的发生。但是凡事不可一概而论，有些规则来自习惯和风俗，随着时间流逝，它们就像硬化了的动脉一样，越来越不灵活，越来越僵硬，反而有碍于事物的正常运转。

在医疗保健行业，有些医院把规则分成两类，一类是红色规则，一类是蓝色规则。前者指不能违反的规则，关系病人的生命和健康，如"禁止吸烟"等；而后者指为保证病人方便就医及医务人员正常工作而制定的规则，如住院病人要到住院部办手续等。

就职于医疗行业的人必须清楚何时可以打破蓝色规则，如"病人先填住院表"是妇产科的规定，但是当一名临产孕妇情况紧急，被直接送入了急诊室，那么填表之类的手续只能稍后再办。

你知道自己公司的规则哪些是红色的，哪些是蓝色的吗？简单的标准是，政府及公司的法律法规大多是红色规定，而部门政策或根据经验得来的规则往往是蓝色规则。你必须弄清楚这些规则的来源和作用，这样才能解释给客户听，也只有这样才会得到客户的理解和体谅。

小贴士

在公司内关于红、蓝规则进行的讨论中，一定会出现不同意见，这没关系。此类讨论的第一个好处是促进员工了解规则产生的原因，例如，某家大型保险公司有一条红色规则：禁止员工在公司电脑上使用屏幕保护等个人软件程序，禁止玩游戏，违规者将被解雇。公司员工对此非常不满，直到他们和信息服务小组通过电子邮件进行沟通之后，才明白这一规则的必要性。

打破规则和变通规则

你必须清楚自己的局限性，如果你感到某件事情情况特殊，但并不确信是否该违反规则，那么咨询经验丰富的同事或上级。

随着 Tweet、在线聊天软件及社交网站的普及，速度已经不是问题，此时了解规则更加重要。如果通过上述媒介与客户沟通，那么做决策的时间不能拖太久，这时，你的知识越多，处理事务的能力就会越强。

如果规则没有正式与非正式之分，那么服务业将混乱不堪，因为客户将搞不清状况。打破或变通规则不是什么大不了的事，但这并不意味着你可以无视规则的存在或随便打破规则。了解规则的性质、缘由及不遵守规则可能产生的后果，可以更好地帮助客户遵守公司规则。

> “例外是规则的反证。”
>
> ——17 世纪谚语

11

信任是客户服务追求的最高标准

“信任的回报是成倍的。”

——吉斯 · 卡米尔斯

信任是客户服务追求的最高标准，是吸引客户再次光临的强力胶。在最艰难的时候，支撑你坚持到底的是客户对你的忠诚和信任。如果你在过去曾向客户做出承诺并如期履行，那么在出现问题时客户会给予你信任。

冰冻三尺，非一日之寒。来自客户的信任需要时间培养，它是一系列积极体验的结果，但只要一宗交易处理不当，客户的信任可能顷刻瓦解，而同样，某一件事如果处理得当，会增加客户的信任。

公平是最能培养信任的法宝。“这样做对我不公平（在客户看来），好吧，再见！”“只要你公平一些，认真听听我的问题，我就会一直对你忠诚。”那么，在客户眼中，公平的概念是什么？不同的客户心中有不同的答案，但是大多数客户对公平的定义包括：

- 感觉自己的诉求有人倾听，感到自己受到尊重，即使事情的最终结果不尽如人意。
- 无须费周折便能得偿所愿，也就是可以顺利获得圆满结果。
- 说到做到，言出必行。例如，你说过今天会给客户打电话，就要说到做到。
- 对客户以诚相待，不花言巧语，不耍花招，行事光明磊落。
- 能注意到他们特别的需求。
- 为保证客户最佳利益而不辞劳苦。

下面是一个关于信任的小例子。

周五下午 3 点。冲动夫人给你供职的旅行社打来电话，她必须要在明天上午抵达旧金山。你提醒她，临时购票价格会比较贵，但是你会尽力帮她。1 小时后，你拿到了一张不能退款的旅游机票，经济舱，早上 6 点出发。现在你给冲动夫人回电话告诉她结果。

怎样培养信任

信任不是一朝一夕的，它需要由时间和积极的经验慢慢培养，但是有些办法有助于加速信任的培养过程。

- 多沟通。

  “夫人，因为时间很紧，我不知道是否能订到票，但我会尽力的。”

- 坚持讲真话。

  “周六的机票一般比较紧张，有订不到票的可能性。但是我会尽一切努力。订到票的概率还是挺大的。”

- 养成直截了当的习惯。

  “好消息！我找人帮忙才搞到一张票，我只好当时马上订了票，不过是早上 6 点的航班，这个时间您能接受吧？”

- 给予客户温暖。

  “祝您旅程愉快！您的女儿一定会非常高兴，您能及时赶到，肯定会给她一个惊喜。”

注意，让客户感到放心并不等于可以隐瞒真相。对客户说“一切将会很顺利”，事实却并非如此，这样的谎言并非无伤大雅。对客户坦言真相，同时不刻意夸大负面信息是更明智的做法。

- 展现信心。

在为客户服务时，如果你表现出犹豫或不自信，那么你将很难赢得客户信任，哪怕你最终圆满完成了任务。“我不知道是否能完全满足您的愿望，让我查一下……我是一会儿给您打回去呢？还是您别挂电话稍等一会儿呢？”如果你这么说，客户一定不会认为你有足够的信心为他提供满意的服务。

- 说到做到，这一条首当其冲、当仁不让。

没有什么东西比不履行承诺更能动摇客户对你的信任。一般情况下，在约定时间未出现的修理员、不能按时回电话与客户沟通账单问题的银行职员，都不可能再有第二次挽回客户信任的机会。如果发现自己无法履行承诺，一定要提前联系客户并告之以实情。

修复客户的问题，重建信任

若从心理学角度分析，服务修复，即修复客户的问题，核心是重建信任，重新取得客户对你能力及品质（履行诺言的品质，包括公开承诺和隐形承诺）的信任。波士顿学院营销学副教授凯瑟琳·赛德尔说，当客户感到脆弱时，对公司的信任尤其容易瓦解。此时，如果客户觉得所有扭转局面的力量都掌握在你的手中，而自己却无能为力，他们会感到脆弱。例如，当客户觉得无法获得以下内容时，脆弱感及对服务故障的反应尤其强烈。

- 最新进展。

客户不清楚事情进展及解决问题需要的时间。

- 专业知识。

客户无法靠自己修好产品，因为只有你才具有所需的知识和工具。

- 自由。

除了来找你，他们别无选择，只有你才能帮助他们解决问题，在客户眼中，你是唯一的希望。他们没有自由选择的权利。

- 求助对象。

当问题发生时，客户只能来找你。当然，根据合同，他们可以咨询任何相关人员，但除了你之外，他们找不到别人，至少在他们看来是这样。

在重建信任的过程中，有必要让客户参与到解决问题的过程中来，可以对客户说："再跟我详细说说除草机出故障那一刻的情况。""能给我简单讲讲您是如何发现这个问题的吗？"通过一定程度的参与，客户会逐渐相信问题可以得到解决，也一定会被解决。

"客户感到脆弱的时候急需信任。"

——服务专家，莱昂纳德·贝利

12

掌握服务过程中的主动权

“任何时候，都要依靠你良好的判断力。没有其他规则。”

——诺德斯特龙公司员工手册

在拨打客户服务电话时，只能听得见电话另一端的自助语音服务，根本没人接听电话，想想看这有多让人懊恼。虽然语音系统传出来的声音非常亲切悦耳，并反复重复公司对你的在意。耐心听完各个分机号码后，你发现没有适合你需求的选项，失落之余，你选了一个离自己问题最接近的按键按下去，终于有人接听电话了，你急不可待地向对方解释打电话的原因，这时，你听到对方说："哦，您找错部门了，我帮您转到……滴……"

根据 Convergys 公司于 2008 年展开的研究显示，64% 的被调查者认为，在首次接触时即能满足客户需求是区分服务好坏的一个关键因素。如果能在第一次电话沟通时（及第一次通过 Twitter 或电子邮件联系时），即能高效、友好地解决、答复客户的问题和咨询，无须转电话，无须客户长久等待或回电话，那么客户的满意度会大幅上升。

给公司的反应力（第 7 章探讨过关于反应力的问题）加分的一个条件是让客户看到你服务的意愿。如果你正在和某位客户接触，那么即使他需要的帮助不在你的本职岗位范围内，你也依然有责任帮助他，如查找相关信息，然后给客户回电话答复。许多公司会主动向客户宣传自己的"一次性"服务标准，这样的公司会对客户说："我们愿意一次性解决您的问题。"尽量避免让客户转拨电话。

把客户投诉当作礼物

换角度思考有助于服务提供者从不同角度思考承担责任这一概念。客户特意联系你的公司，提出评论、建议、问题或投诉，其实他们是在向你赠送礼物。没错，是礼物！在发生问题或产生困惑时，他们本来可以静静地走开，弃你于不顾，但是他们没有，反而特意来与你沟通，给你重新表现的机会，难道你不应该视其为礼物吗？

做正确的事和正确地做事

对于打造令人惊叹的服务的人来说，做正确的事与正确地做事性质不同，但重要性相同。

正确地做事涉及做事的流程，包括正确完成工作，运用技术能力与人际交往能力，了解公司产品与服务，有能力回答相关问题等。

做正确的事指在特定情境应该做什么事，包括帮助客户选择适合的产品和服务（有时甚至以超出客户期待的高标准），是否该满足某位客户的某个特殊要求等。

诺德斯特龙的员工手册极富传奇色彩。手册上只有一条规则："任何时候，都要依靠你良好的判断力。"缺少规则并不意味着没有方向。诺德斯特龙公司鼓励员工在不确定该如何决策时向经理寻求支持。公司鼓励员工：

> "可随时就任何问题询问部门经理、店长。"

当然，这样的政策实施的前提是经理把回答问题当成教授员工的机会，而不是麻烦。诺德斯特龙公司的领导者非常乐于教授员工。在引导与培训课程上，公司员工会学习怎样为客户做正确的事情，如什么时候可以无条件为客户退货，什么时候应把客户移交给其他部门，什么时候甚至可以把客户带到竞争对手的店铺寻找适合客户需求的服饰首饰等。结果怎么样？诺德斯特龙的服务风格风靡全美国。即使从没去过诺德斯特龙商店的人也可以从罗伯特·斯佩克特撰写的《诺德斯特龙的卓越客户服务风格》（*The Nordstrom Way to Customer Service Excellence*）及贝特西·桑德尔斯撰写的《神奇的服务》（*Fabled Service*）中了解这家公司。有人摇着头提出质疑："当然不错，但是他们这么做，能坚持多久呢？"事实是，诺德斯特龙的单位面积销售额屡次居零售业前列。不仅没人比他们做得更好，而且如果只是正确地做事，恐怕无法取得这么好的业绩。

当你不知道如何决策时

许多一线服务人员及众多经理人对类似“做正确的事情”这样的简单规定感到恐惧，这种恐惧是自然而然发生的，数十年来，我们一直在被警告“牺牲公司利益”的严重后果。其实如果根据经验智慧对具体事件进行理智分析，那么克服这种恐惧并不难。

小贴士

花些时间（如每两周抽出 1 小时）和同事分享经验，分享应对棘手客户的成功与失败故事。如果你遇到了某个问题，那么很可能你的同事也会遇到。

你要将公司拱手让给他人吗？当然不是，我们对公司的忠诚一点儿也不逊于诺德斯特龙的员工。公司聘请品德良好的员工，用心培训后输送至公司的客户服务系统及辅助性管理层中，却不允许客户根据自己的判断做出决策，这毫无道理可言。在诺德斯特龙，公司没有失去控制，而是员工天生的良好感知能力控制服务水平。公司把最珍贵的资产——客户及公司的未来交到了员工的手中。

在各个行业，良好的判断力皆有用武之地。业务熟练的你，如果不确定在某一具体情境中应该如何行动，那么问自己下面 3 个问题，并将自己的答案当作决策指南。

该行动违反红色规则吗？违反蓝色规则吗？（参照第 10 章红色规则与蓝色规则的概念。）

如果该行动违反红色规则，那么立刻放弃。在密尔沃基市圣卢克斯医院的勤杂工，如果遇到有病人索要饮用水，会先去询问负责的护士，如果病人不能喝水，那么给他提供水就是违反了红色规则。

如果该行动违反蓝色规则，那么违反规则是否有助于提高服务质量呢？

可以违反规则并不等于应该违反它或完全忽视它的存在。在明尼苏达州明尼爱波利斯有一栋名为 Foshay Tower 的历史建筑，建筑内的玻璃清洁一直在工作日上班时间完成，这是蓝色规则。如果租户要求把清洁时间调到周末，那么建筑经理会很配合，但是首先她会这样对租户解释："我们的玻璃源自 1929 年，我们更希望在工作日进行清洁，这样一旦发现玻璃需要修理，可以立即进行。我不希望租户用胶带或板子暂时固定玻璃。"

谁是最后的决策者？

找到决策者，然后采取行动。大多数时候，这个决策者是你。有时候，尤其在违反蓝色规则有风险或可能产生额外费用时，必须询问经理或上级。根据前面两道问题的答案，你将清楚向经理或上级解释问题并提出解决方案。

"如果他们（员工）做出错误决定，那么还有机会进行更正，至少他们会真诚地采取行动，这是我们对客户承诺的一部分。"

——四季酒店主席，伊萨多 · 夏普

13

在倾听中挖掘客户信息

“无论客户是通过互联网、实体店或电话与你联系，在和他们接触的过程中，常常都蕴藏着‘宝藏’，你要认真倾听！”

——Pay Attention！ How to Listen, Respond and Profit from Customer Feedback

作者，安·汤玛斯、吉尔·爱普雷亚特

在过去十年中，社交媒体使倾听客户的方式发生重大改变，出乎所有人的意料。现今，客户对公司发表评论成为轻而易举的事，当然公司想要收听这些评论也很容易。目前沟通的方式这么多，当然倾听的方式也不少，倾听客户是令人惊叹的服务的必杀技。优秀的服务型公司必须意识到，在客户的声音中蕴藏着宝藏，而一线服务人员则是公司的珍宝，包括在实体店铺或通过网络与客户沟通并提供服务的所有员工，你当然是其中一员！你总是公司里最早知道服务质量存在问题的人，也总是最早感知到客户可能会离开你的公司投向对手怀抱的人。从这个意义上说，你是当之无愧的公司“情报站”。

倾听的价值

在听别人讲话时，多数人只能听到25%的内容，那么剩下的75%呢？我们的耳朵选择性失聪，也就是俗话说的“左耳进，右耳出”。倾听非常重要，我们却很少特意练习这项技能。倾听、理解和回应客户是优质服务的必要内容，因此对于令人惊叹的服务的崇拜者，必须学会如何倾听。只有能良好地倾听客户，才能：

- 了解客户所想和所需。
- 防止误解和错误。
- 收集关于提高服务质量的诀窍。
- 构建长期客户关系。

积极倾听的力量非常强大，为了让客户满意，你必须尽力搞清他们在什么时间想要什么东西，想以什么样的方式收到这些东西，想以何种方式付款，发货的时间要求及其他要求。不需要自己随意猜测，猜测的风险很大。客户愿意也往往已准备好向你倾诉一切必要的信息。认真倾听，听听哪些东西会给你的服务减分，迅速行动把这些东西除掉！

小贴士

在与客户接触时，简单记下你的思路和答案，以此让客户知道你正在认真倾听，但不要试图反驳或质疑客户的话，因为这样会削弱倾听的力量。有了笔记的帮助，轮到你发言时，就可以针对客户提出的关键问题进行逐一解答。这样的反馈过程将进一步让客户相信你一直在倾听，你理解他的需求并愿意努力满足、解答他的需求、问题。

后天培养良好的倾听能力

有些人似乎天生就具有良好的倾听能力，其实并非如此，他们只是很早就开始练习倾听。活到老，学到老，练习倾听能力永远也不会太迟，只有在实践中才能锤炼良好的倾听技能。而且，在各种会话中，倾听者总是占据强大的优势：大多数人的语速为每分钟 125~150 字，但是每分钟听到的字却有 450 个之多！这说明在倾听别人讲话时，我们有足够的时间总结对方话语的要点并据此做出有力的回应。

确保你能听到客户想要传达的信息。

1. 如果对方的信息很复杂，那么向他重复一遍你听到的信息，确保理解无误："好的。让我重复一下您的意思。您说了几点很重要的内容，我想确认我是否已准确理解。您刚才说……"

2. 如果你对某些内容有疑惑，那么把它说出来："我们谈了几种不同的类型，您决定要 16GB 的 4G 手机呢，还是要 32GB 没有 4G 功能但附赠配件包的手机呢？"

3. 写下信息之后复述重点信息以确保无误，如公司名字或街道、门牌号、电话号码、网址、电子邮件地址等，以保证准确，让客户知道你一直在认真倾听。

有效倾听的障碍

会影响倾听效果的若干干扰因素有：

- 噪声。

在职场环境中，有太多噪声可能干扰倾听效果。如果客户以正常音量讲话，你能听清吗？他的声音是否会被环境中的喧嚣或同事与其他客户的声音掩盖？同样，过于安静的环境也会让客户感到不适，大多数客户不希望自己要很小声说话才能保证不被他人听到。

- 谈话中断。

在公司环境中，同事之间难免有交流。在你和客户沟通时，你是否会时不时对客户说："等一下，我接个电话。"或对身边的同事发号施令。诸如此类的干扰仿佛在暗示客户："你没那么重要。""我真的不想听你说话。"在如今充满高科技含量的职场环境中，各种各样的干扰都可能让你无法认真倾听客户的话语，如新邮件、电话、短信、Tweet 等的提示声音。

- 精神弯路。

除了外部干扰，干扰也来自内部。当你发现自己一边听着客户讲话，一边却想着喜欢看的电影或和爱人的矛盾，或者思考如何应对客户的提问，你会明白内心干扰的影响有多可怕。因此，务必专心倾听客户。

- 技术干扰。

技术可以帮助我们与他人沟通，同样，它也能阻碍我们有效地倾听他人。电话、网络、远程麦克风等技术的出现，让我们可以为客户提供更好的服务，但是通过机器设备与人沟通，无法看到对面讲话人的举止神情，以及声音失真等问题，可能让你更难以听清客户的信息。你办公桌上的显示器也可能成为干扰物，有了如此便利的工具，你可能不会认真听客户讲话，并从中寻找重要信息，而是说："好的，史密斯先生，让我在电脑上查查您的信息……哦，在这里。让我们从头看一遍具体资料。"

- 刻板印象。

一旦给某人贴了标签——根据外形、行为及语言对他人进行推断，那么人们将很难理解他话内的真正含义。如果一开始对某人有了定论，那么人们在之后看到的、体验到的、听到的都会受定论的影响，其实第一印象错误率极高。

- 敏感词汇。

客户的话语可能包含某些让我们难以接受的内容，一旦你心生不快，倾听可能随时中断。要记住你的主要任务是倾听客户的主要信息，而不是某些语句。在客户看来，这些话语可能并无他意。（即使客户贬低你的服务水平，也要一笑了之，展现出你的优雅和个性。）

- 态度。

你的态度也会成为有效倾听的干扰。防御心理很强的人会小心提防，一一检阅接收到的信息并努力寻找一切隐含信息。他们往往过于警惕，而这种警惕往往引发战争，因为他们甚至可能在对方讲完话之前就出言打断对方，说：“哦，那好，我来告诉你。”你的态度应该是有助于倾听的，而不是堵上耳朵以致无法听清楚客户的话语。

情报站

最相关也是最容易转化为行动的信息恰恰来自和客户日常的接触。对公司最有利的做法是，在与客户的接触过程中，服务人员定期收集、总结并分享见解，倾听客户的不满或建议。从下面这个简单却很有效的问题开始，构建属于你的倾听流程：“你认为在和我们公司打交道时，什么服务要素最重要？”

倾听客户，思考客户话语背后隐藏的信息，因为客户并不总是直接向你诉说真实情感。如果客户曾经表扬过你的服务速度非常快，但是最近这一段时间，他没怎么说，那么很可能你的服务速度降低了。在询问客户你的服务质量如何时，如果客户犹豫地说：“哦，我想是不错的。”那么你应该听得出来其中的隐含信息——这位忠实客户很可能会悄悄转向你的竞争对手的怀抱。倾听客户的话语，从中寻找线索，试着问他们：“为了改善我们的服务质量，我们还可以为您做些什么？”统计数字显示，许多客户并不会公开抱怨问题，而是干脆停止与公司的来往，去竞争对手的公司消费。

> “人们愿意购买并不是因为你让他们理解了，而是因为他们感觉自己得到了理解。”
>
> ——销售格言

14

问题即答案

“知道部分问题胜于知道全部答案。”

——詹姆斯 · 瑟博

客户往往并不十分清楚自己的需求和欲望。如果你对客户说："您想要我怎么帮您呢？"他回答："我不是很清楚。"那么起码在这个时刻，客户并不清楚自己到底想要什么，大多数客户都会有这种感觉，而你有责任帮助客户理清头绪、找到答案。

如果遭遇不清楚或不确定自己需求的客户，不妨过一把当侦探的瘾，学学福尔摩斯，从客户身上寻找解决问题的线索。如果你掌握了充足的高质量的问题，你一定会成功。

在破解客户需求谜团的过程中，下面 3 类问题可助你一臂之力。

背景问题

背景问题是你与客户之间对话的引入部分，帮助你了解谈话对象并为其创建账户或档案。此外，这类信息还可以帮你确定是否你正是客户要找的人或是否应该将其介绍给同事或其他部门。这类问题包括：

- 您在我们这里有账户吗？
- 您能告诉我您的客户号码吗？在目录册背面，标签上方印有您的客户号码。
- 关于您过去的就诊记录我有几个问题需要问您，第一个问题是，您曾经有过 ×× 吗？

有时候，客户拒绝回答背景问题，他们会反问："你为什么需要知道这个？"或者干脆直接抗议："我上次来的时候已经说过了，难道你们没有记录吗？"为避免诸如此类的事情发生，最好提前向客户解释这些问题的必要性，也就是所谓的"预解释"，下面是几个例子。

- 感谢您对我们的关注，威尔逊女士。我有几个问题需要您回答，根据您的答案我将选择最佳人选来为您服务。

- 我有几个问题是关于您的就诊史的，病人每次来就诊，都要回答这些问题，以保证我们为病人创建的病例准确并且保持更新。

“预解释”可以让客户相信背景问题的必要性，他们会相信你之所以提出这些问题，是出于对对方的关注。

调查性问题

调查性问题能够深入探究客户的需求、疑问或不满，并进而发现问题和寻找解决问题的方法。问题一般有两种类型：封闭式问题和开放式问题。前者一般可以用“是”“否”或语义明确的词汇来回答，如背景问题“你的账号是多少”就属于封闭式问题。开放式问题的答案一般更长一些，往往会从一个问题发展成一段对话。大多数调查性问题都是开放式问题：

- 请多提供一些信息，如哪些人将会出席？出席者期待什么样的活动？去年的活动有哪些不足？
- 你想要什么样的新自行车？
- 在插上 DVD 机电源之后有什么反应？

要知道，调查性问题是获得信息的方法，但是如果客户的回答很荒谬或者有说谎嫌疑，那么不要予以反驳，另外再问一个问题即可。

有 5 个词汇可以帮你构建调查性问题，它们是：谁、什么、何时、哪里、为什么。多年以来，这几个词汇一直担当着服务界的重要情报员。

- 谁会受其影响？

- 您希望接下来会有什么变化？
- 您希望新设备何时安装好？
- 旧设备放到哪里？
- 我想知道为什么会这样，这样我们可以防止同样的事情再次发生。请告诉我您的想法好吗？

当然，应该根据具体事宜确定如何提问，不过有一个小窍门，如果你心存疑虑，那么有一个几乎适合于各种场合的问题：“请您再多提供一些信息好吗？”

注意

使用“为什么”提问时要小心，因为可能会让客户觉得你是在把出现问题的原因归咎于他。

确认性问题

确认性问题类似于一个“制约平衡机制”，作用是帮助服务人员确认是否已准确理解客户信息，并给客户补充或修正信息的机会。

- 这就是柯灵医生发明的善后调理法，身体锻炼是其中最重要的部分，需要一定的努力才行。您想再从头看一遍吗？
- 那么，如果我们今天给您先发一部分货物，保证您能撑到下周一，剩下的货物晚些发货，这样应该可以解决您眼下的困难吧？

服务人员常常把客户的沉默当作同意的表示，其实有时候沉默并不表示同意，更有可能是表示放弃、感到沮丧或由于尴尬而无法说明实情。因此，如果你用陈述句而不是问句来进行确认，那么最好要求客户给予明确的答复，例如：

- 我想确认是否我准确理解了您的需求，您 15 日才搬进新居，但在此之前您就已经开始在新居工作，因此，我们必须在 11 日之前把新电话安装好，同时要保证 16 日之前旧电话能正常使用。是这样吧？

小贴士

如果有人狠狠地盯着你，对你说："你明白吗？" 他的语速很慢，仿佛在向你挑衅，这时，你就会明白"你明白吗"这个问题产生的侮辱感会有多强烈。因此，在向客户进行确认时，要注意语气和措辞，确保不会产生诸如"只有傻子才搞不懂，你是傻子吗"这样的负面暗示。

高质量问题失效

如果时机不对或措辞不当，本来合适的问题可能会让你苦心经营的服务成果毁于一旦。下面总结了 4 种可能让优秀问题失效的情形。

1. 提问的时机不当，或者不合逻辑。

问题的提出需要符合一定的逻辑。例如，一般在对话开始阶段询问对方的名字，如果与客户交流了 30 分钟之后，才问客户的姓名，这样往往会显得非常尴尬。

2. 客户觉得你明知故问。

这时，建议使用“预解释”法来解释问题的必要性。

> 我知道海克托有您的号码，但是我能记下来吗？这样便于参考。

3. 客户觉得你的问题过多。

建议精简问题，注重效率。

> 您好！您是女主人吧？我的电话会打扰您吗？我们正在开展一项调研，请问您愿意回答我几个问题吗？

4. 问题过于隐私。

对于隐私的界定因人而异。如果你出于好奇心而问，那么建议封口；如果你有必要获得相关信息，那么在提问之前使用“预解释”法。

> 为便于我们为您创建最佳财产方案，我需要就您的个人财务状况问几个问题。当然，我们将为今天的所有信息保密。在开始提问之前，您有什么问题要问吗？

“只有问合适的问题，才能找到合适的答案。”

——《智慧提问：成功经理人的新策略》

作者，多萝西·利兹

15

制胜词与安抚语：说“什么”很重要

“保持礼貌成本低，效果佳。”

——19 世纪畅销书作家，塞缪尔 · 斯迈尔斯

“哦，什么？君子动口不动手！谁怕谁呀！”听到过类似的话吧？出于自我保护的目的，我们喜欢把“君子动口不动手”挂在嘴边，避免引起武力争斗。但是正是在诸多“动口不动手”的场合，我们才逐渐明白了语言的强大杀伤力——对感情的伤害，这种伤害很可能比对肉体的伤害还要大，在你的记忆中，应该会有这样的片段吗？

对谁都是如此，作为服务从业者，我们的语言是会伤害情感，还是会抚慰心灵，取决于如何措辞与表达。如果方法得当，语言将会为我们的服务蓝图增添一抹亮丽色彩。

禁忌语

有些词汇，不管是单独使用还是在句子中使用，都可能产生即时的消极后果。南希·弗里德曼是客户服务及电话技能顾问，许多商界人士尊称她为“电话医生”，她倡导服务从业者避免使用“五大禁忌语”——5句可能会让客户感到愤怒或沮丧的话，不管是有心还是无意。表15-1列出了这“五大禁忌语”，在表中，还附有南希推荐的代替语。

表15-1 五大禁忌语

禁忌语	代替语
我不知道。	“这个问题问得好，让我查查资料，看是否能找到答案。”
我们不能这么做。	“嗯，这个有点儿难，让我们看看能做什么。”然后寻找替代性方法。
你必须……	使用短语弱化“要求”语气，例如：“我想建议您……”或“我们能帮您做的是……”“如果下次再发生这样的问题，您可以这么做。”
等一下，我马上回来。	“我需要一点儿时间才能查到结果，您能稍等几分钟吗？”
以“不”开始句子	讲话之前先思考，把消极答复转变成积极答复，例如：“我们不能为您退款，但是可以免费换货。”

除了这五个短语之外，还有其他可能会引起客户气愤的词，你还知道哪些词呢？

小贴士

创建属于你自己的“要说”与“不要说”词汇列表。建议首先参考表15-2，然后根据个人经历和同事意见增加内容。有哪些话会换来客户的微笑呢？又有哪些话会让他们皱起眉头？根据自己当客户及作为服务专业人士的经历丰富表格。（注：以下所有例子均来自真实生活场景。）

语言背后的信息

每一位令人惊叹的服务从业者都经历过这样的时刻：你在向客户解释什么事情，你的脸上充满真诚，在你看来，你的话语完全符合情理，没有任何问题，结果对面的客户却突然大发雷霆、满脸怒气。你本无心激怒客户，但已是无法避免的事实。如果在讲话时，注意回避可能会产生消极影响的一些词汇和短语，那么很容易避免或化解这样的事情。

表 15-2 “要说”与“不要说”词汇

不要说	要说
“她又去拿糖了。”	“她现在不在。”
“结束了吗？”	“还有什么事儿吗？”
“不客气。”	“我很荣幸。”“我很乐意。”
“宝贝”“老兄”“夫人”	客户的名字（按照客户希望的方式）
“嗯，这和我没关系。”	“很显然您有点疲惫。”
“是的，是的，我会去办的。”	“我亲自为您办。”
“您按错键了。”	“我是负责小型器皿的，我把您转到您需要的部门吧。”

续表

不要说	要说
“这不在我的工作范围内。”	“通常我不负责这方面的事情，但是我知道谁能帮助您，让我看看她在不在。”
“在那边。”（然后用手指指方向）	“让我带您过去。”“您看见那个蓝色标志了吗？就在那个标志左侧。”

不管是有意还是无意，都不应该发出“我想你有点儿笨”这样的暗示，典型的一个例子是“明白吗”，这样的问题总是含有些许轻蔑的味道，另外，如果在和客户沟通时，把对方当成了 4 岁的孩子（虽然客户或许的确有些幼稚），这显然不合适。4 岁的孩子也不愿意被人瞧不起吧？难道作为成年人的客户会愿意吗？

在《客户联系通信》（*Customer Connection News Letter*）杂志的一篇文章中，一位有线电视技师描述了自己是如何在不贬低客户的情况下与客户进行沟通的。每次接到客户的电话，他必须首先确认客户使用电视的方法是正确的。

> “在找出故障之前，我必须要保证他已调好频道……以前我一般会问客户：‘已经调到 3 频道了是吗？’对方一般会立刻回答：‘是的。’然后我会说：‘请检查一下。’后来，我意识到这样说似乎有低估客户能力的嫌疑，所以现在我会对客户说：‘请把电视机调到 5 频道，10 秒钟之后再调回 3 频道。然后回来跟我说一下。’这样，我能达到目的，又不会让客户感到不快。”

准备话术以消除恐慌

多年来，电话营销员——总是在你吃饭的时候打来电话推销商品的人，已经习惯用提前准备好的话术来帮助自己达到推销的目的。

服务人员往往拒绝使用话术，因为担心它们会让自己与客户的沟通显得千篇一律,而且缺少人情味。话术或许会有这样的副作用,但这是可以避免的。

服务顾问盖尔·博伊兰曾经是佛罗里达州宾萨克拉市浸会健康集团的主任护理师，他也曾经很排斥话术，她说："我曾经很讨厌话术，因为我觉得这侮辱人们的智商。"但是后来，根据在芝加哥一家获奖医院的经历，盖尔和同事创作了一些简单的话术，供护理人员在和病人沟通时使用，这些话术的使用，大大提高了客户对护理人员服务质量的评价。

有一组护士创作了这样的话术，在拉上病人床边的帘子时说："为了保护您的隐私，我现在把帘子拉上。"结果，病人纷纷对护士的关爱和细心表示感谢。

保洁员、护士助理及维修人员纷纷行动起来，在离开病房时，对病人说："还需要其他帮助吗？我现在就可以帮您做。"仿佛突然之间，医院里到处都可以听到病人对医院工作人员的高度评价。病人打给护理站的投诉电话减少了 40%。

机场安保人员也准备了自己的话术。在要求客户脱掉鞋子或把笔记本电脑从袋子里拿出来接受安检时，说一声"谢谢您的耐心"，以此对乘客带来的不便表达歉意。

符合下面几条标准的服务话术效果最佳：

- 内容简短、便于记忆。
- 涉及对客户最重要的事务。
- 有一定的灵活性，便于使用者根据具体情况对脚本进行修改，以免对话过于生硬。

那么，最好的服务话术是什么样子的？答案很简单，是你和同事为自己量身定做的话术。

“人不是靠语言活着的，但有时候，人的确会食言。”

——律师、政治家，阿德莱·史蒂文森

16

面对面交流的技巧

“我郑重宣布并承诺，每当有客户走近我身边 3 米，我就会微笑，看着他的眼睛，并去和他打招呼，我向萨姆（沃尔玛创始人）发誓。”

——沃尔玛连锁店员工誓言

虽然我们每天都在使用文字和语言，但它们并不是唯一的人际交流方式。专家说，在面对面的交流中，至少有70%的信息不是通过语言来传达的，而是由非语言交流来传达的。

那么，什么是非语言交流呢？它包括语言之外的一切交流方式，如身体语言、行为举止等。有9种基本的非语言交流方式，令人惊叹的服务人员应该熟练掌握这些方式。

1. 距离。

首先来做一个实验，和一位同事面对面站着聊天，和他保持一个手臂的距离，几分钟之后，你向前移动，直到你俩鼻子之间的距离在15厘米左右。这是，你是否会感到不适呢？然后往后移动，直到双方之间的距离为1.8米左右，是不是也会感到不适？位于“舒适区”之内的谈话距离因文化而异，北美人的“舒适区”一般在45~60厘米，而对于欧洲人，除英国人之外，“舒适区”则更近一些，和大多数南美人的习惯差不多。

2. 眼神交流。

适当的眼神交流可以让客户感到自己受到尊重，但是这里有一个尺度的问题，在北美文化中，不和他人进行眼神交流的人被认为是狡诈虚伪的人，但是如果狠盯着对方，也会让对方感到不自在。在欧洲、亚洲、中东、南美等地，眼神交流取决于具体的文化习俗。如果没有把握，不妨察言观色，根据对方的眼神交流制定对策。

3. 沉默。

有时即使只字不说，也能达到交流效果。在客户讲话时保持沉默是基本礼仪，点头表示你正在倾听而且明白对方的讲话内容，然而较长时间的沉默会让客户觉得你心不在焉或不认可他的说法，因此，偶尔说上一句“嗯，嗯”“我明白”，既让客户感到你在聆听，同时又不会干扰他的讲话。

4．手势。

封闭性的手势会对交流起消极影响，如双臂紧抱于胸前、双手插进衣袋或双拳紧握；而开放式手势传递的友好信息会让对方感到舒适自在。大多数手势是无意识的（如人们抱紧双臂可能是因为寒冷），因此在和客户沟通时，多提醒自己注意手势的使用。

5．姿势。

“站直了！”妈妈们总会这样命令孩子，她们这么做是有道理的，好的身体姿态可以表达自信和实力。在客户讲话时，稍微向客户倾斜一点儿，这样可以表示你认为他说的内容很重要，也很有趣。

6．面部表情。

我们都知道以下面部表情的含义：竖起眉毛表示惊讶，眨眼表示有所隐瞒，紧闭双唇表示反对，露出牙齿的笑容表示友好。面部表情可以传达声音无法传递的信息。

7．身体接触。

在当今职场中，身体接触的标准与具体场合及涉及的人有关，例如，握手是惯例，但把手搭在他人胳膊上或把胳膊搭在他人肩膀上则是个人行为。在大多数职场，“简单至上”是通用法则。

8．闻。

这可能有点儿令人不解，但是对于需要近距离与客户接触的服务人员来说，闻是很重要的一个非语言交流方式。如果闻到客户身上强烈的香水味道，那么你要注意，有些客户可能对某些东西过敏，当然他们也有可能是用香水掩盖体味。此外还要注意的是烟味，在这样一个禁烟时代，挥之不去的香烟味道可能会惹恼客户。

9. 整体形象。

就像在剧场演出戏剧一样，你的服装必须符合自己的形象。穿西服还是工装取决于你工作的性质、想要发送的信息及客户的期待。不管怎样，关于你的整体形象，放之四海而皆准的标准是：整洁和干净是能力的表现。（邋遢的人可能一样有能力，但是要付出加倍努力才能证明自己的实力。）

如何解读客户非语言线索

如何解读客户的非语言线索，是服务人员必须掌握的另外一项技能。其实每个人都有观察、解读对方身体语言的能力，并据此判断出他此刻的情感和情绪状态是喜是悲，是泰然自若还是紧张不安。

小贴士

有时身体发送的非语言信息比有声话语的力量更加强大和有说服力。当非语言符号发送的信息与有声语言不一致时，客户可能会感到困惑、怀疑或迷茫。作为服务人员，你必须有能力管理自己与客户面对面的非语言交流，只有这样，才能获得职场成功。

为什么在社交、服务等场合，有的人如鱼得水、轻松自如，而有的人却处处显得蹩脚和尴尬呢？研究表明，差异可能来自人与人之间社交知识和行为的不同。社交能力强的人更容易留意他人的身体语言并对此做出回应，而社交能力弱的人则往往对身体语言视而不见，如对方明显一脸困惑，而你却视而不见、继续高谈阔论。

即使感到不适、困惑或疲惫，客户未必将感觉直接告诉你，但如果认真聆听，你既可以听得到他的有声信息，又可以抓到非语言线索，应该有效使用这些线索，让客户满意并感到惊喜。

> “感知是成功进行非语言交流的关键。”
>
> ——销售培训格言

17

电话交流技巧

“只要接到来电，就有责任让来电者满意，无论涉及何事。”

——《完全傻瓜指南之激励他人》

作者，迈克尔·拉姆多

电话交流对声音控制能力的要求要高于其他方式的交流，因为客户无法看到你的面部表情或非语言线索，如耸肩或手势等，因此只能根据你的语调和音质在头脑中想象你的样子。你讲话的语气——笑意、开心、紧张或不悦，都将“出卖”自己，因此在拿起听筒或戴上耳机之前，建议用1秒时间来调整自己，做好和电话另一头的客户沟通的准备。友好的接电话语气需要一定的练习，建议利用表17-1所示的接电话沟通检查表来评价自己的电话沟通特征。在电话中，以操纵自如的和悦语气与客户交流是需要学习的一项能力。

小贴士

把自己在电话中的谈话声音录下来，让某位朋友或老板坦诚地评价你的声音质量，最好找人帮你在电话另一头把声音录下来，体会自己的声音在客户听到时的感觉。

表17-1 电话沟通检查表

检查项目	是	否
音质		
无须很大声即可让对方听清	☐	☐
咬字清楚	☐	☐
语速适中，不快不慢	☐	☐
语调和悦、不刺耳、无鼻音	☐	☐
表现兴趣与热情	☐	☐
接电话技能		
迅速接听电话——铃声响2～3次	☐	☐
礼貌与来电者打招呼	☐	☐
向来电者表明身份	☐	☐
专业的转接电话能力	☐	☐
准确、完整地接收信息	☐	☐

警告

第一次听到自己在磁带中的声音，可能会觉得很陌生，这是正常现象，所有人听到自己在磁带中的声音时，都会有同样的感觉。

电话礼仪

专业的电话交谈包括 4 个客户敏感的程序，熟悉并遵循这些程序，用行动告诉客户你的关爱发自内心。

接听电话

电话铃声是世界上最执着的声音之一。（试试有来电时别接，让铃声一直响下去，你受得了吗？）客户拨通电话，却发现没有人接听或占线，又或者电话铃响了 15 次才有人接听，那么你简直是在向客户宣布："很抱歉，请你带着你的钱离开我的公司。我们很忙，没有时间为你服务。请到其他地方购物，感谢你的关注。"建议为自己制定标准（如电话铃响 2 ~ 3 次必须接电话等），并按照标准行事。

接听电话时，要记住在拿起听筒或打开耳机的那一刻客户就能听到你的声音，因此要专心同他讲话，不要分心。

> **制胜语：**"你好，这里是阿珂姆公司，我是莫妮卡。您需要什么帮助？"最佳寒暄语包含 3 个要素，第一，"你好""早上好"等问候语；第二，"这里是……"；第三，"我是……"。有时候由于电话系统的原因，客户无法听到来自你的第一句话，因此最好以问候语开始与客户的交流，而不要一上来就介绍自己的身份。在表明身份时，语速要缓慢，给客户留些准备时间。"这里是阿珂姆公司我是

莫妮卡您需要什么帮助”可不是一个词，如果语速过快，给人的感觉像机器发出的声音，干瘪无力。

输入信息

偶尔，在接听客户电话的同时，必须在电脑中查找或录入信息。如果当着客户的面查找或录入信息，客户可以亲眼看到你的忙碌，因此会自动耐心等待或调整说话速度。

但是如果通过电话交谈，客户无法看到你的手指敲击键盘或鼠标的动作，因此你必须为自己争取查账户寻找客户信息或录入资料的时间，不妨试着告诉客户你此时的活动，例如：

“好的，史密斯夫人，让我在电脑中把您的账户调出来……哦，找到了。好的，您是 15 号下的订单。”

又如：

“让我把您的地址录入电脑中，好的，印第安纳州西卡莫弗吉尼亚大道 35185 号。”

大声工作——在查找或录入信息时把手头的动作讲出来，让客户明白此时你是在工作，而不是离开电话去喝咖啡。

注意

不要偷偷对客户抱怨自己的电脑速度缓慢，这样会让客户觉得你的公司落伍并进而怀疑公司的可靠性。

有时候不得不让客户在电话中等待片刻，例如，你要接听另外一个电话或离开办公桌去取文件。

无论发生什么事，不要在没有得到对方许可的情况下让他等你，你应该对对方说“您可以稍等一会儿吗”或“请稍等片刻”之类的话语，但是如果对方没有应答，那么这些话等于没说。是的，你要等他回答之后才离开，虽然会费些时间，但是可以为你换来好评。是的，你可能会被拒绝，对方或许会说：“不行，那我挂电话了。”如果这样，把对方的号码记下来，尽快回电或重新安排一下手头事务的顺序。

不想在电话另一头等你的客户未必是故意挑衅或找碴儿。前几天，我的好朋友南希打电话给医生，因为接线员和南希相识，因此她理所当然地以为南希可以在电话中等她，因此她说：“好的，南希，等我 1 分钟。”她这样做的结果很严重，因为那天南希突然生重病，虚弱无力，费了好大劲儿才勉强爬到电话机旁打了电话。

制胜语：在同时有多部电话要接，必须要让某些来电者等待时，建议使用“您可以等我一会儿吗”，不要说：“我离开一会儿好吗？”对于“您可以”式问句，客户往往会做出肯定回答，尽管有时他们并不情愿。

南希的例子是个特例，但是有的客户确实有不能等待的合理理由，要记住令人惊叹的服务必须照顾个体客户的需求和期待。

> **制胜语**：“我可以记下您的电话号码吗？这样便于我查找。”客户有时不愿意留下自己的电话号码，他们会想：“你有我的电话呀，这个电话不正是你打来的吗？”因此，“便于查找”这几个字很有必要，有助于消除你语言中的消极因素。

记录信息

好的信息是正确的、完整的。如果你没有录下和来电者的交谈，那么一定要保证记下对方的名字、公司名称和电话号码。“比尔来过电话”可能会产生歧义，万一有两个比尔怎么办？重复对方的名字和电话号码以保证准确无误，日期和事件也很重要。最后，一定要把自己的名字写在留言条上，一旦有不清楚的地方，看到留言的人可以找你进行确认。

转接电话

客户讨厌自己的电话被转来转去，因此尽量不要这么做。尽量一次性满足客户的要求，或记下来，然后让合适的同事给他回电。如果必须要转接电话，那么一定要把同事的名字和电话号码告诉客户。这样，如果在转接电话时发生故障，来电者可以直接拨打同事的电话。如果可以，在确保转接成功之前，你不要挂断电话。

> **制胜语**：“乔斯，我把搏拉斯基先生的电话给你转接过去，他的资料有变动。”让你的同事知道来电者的身份和打电话的原因。要注意一点，在提到来电者时要保持尊敬语气，别以为来电者听不到你的声音！要知道在你转接电话时，他可是一直等在听筒边呢！

语音邮件和来电者身份

语音邮件是当代商业得到的最大恩赐，同时也是最毒的毒药，我们对它又爱又恨。为能发挥语音邮件的最大优势，请记住以下原则。

- 语音邮件不是实时电话交流的替代品，而是补充。如果可以，尽量直接和客户交流，少用语音邮件。
- 不要因为邮件的地址显示为公司内部地址就不打开邮件，内部客户和外部客户一样重要。
- 经常更新信息，告知客户你是否在线，何时能收到邮件，如果有急事联系不到你时应该怎么办等。
- 告诉发邮件者信件的要求，例如，有些系统会自动给来信添加时间和日期，如果你用的系统没有这项功能，你应该提醒来邮件者注意加上时间和日期等内容。
- 保证让发邮件者能够正常使用系统。“如有急事，请按 1”或“以后拨打电话时，跳过本环节请按 # 键”。
- 定期测试你的语言邮件系统，排除故障，保证能正常使用。
- 及时回信。许多客户接待部门遵循“日落”规定：当天回信，尽量在收到邮件数小时之内回信。
- 给他人发送语音邮件时，在邮件开始及结束部分各重复一次自己的名字和电话号码，一定要语速缓慢，速度最好和你一边写一边念时的语速差不多。

若想充分利用电话交流，那么你必须熟练掌握电话系统的特点。如果你用的是网络电话系统，却不熟悉这个系统的功能，一定要提前学习，不要等到和客户沟通时出了麻烦再着急。

电话会议

无论你是电话会议的参与者还是为电话会议做准备工作，须记住以下几条重要的规则。

1. 一旦电话会议的时间和日期确定，那么要确保与会者熟悉参会的技术要求并及时参会。仔细阅读技术操作指南，然后打电话或发邮件给与会者。

小贴士

如果提前 7 天以上已通知参会者出席电话会议，那么务必要在会议举行前一天下午（如果电话会议是在上午举行）或当天上午（如果电话会议是在下午举行）以电子邮件形式再对其进行提醒。如果电话会议是跨时区的，那么告知参会者会议举行的当地时间，例如，某个会议是在芝加哥举行的，参与者来自全美各地，那么在通知参会者时须告知会议举行的中部时区时间："会议将于中部时区时间上午 10 点举行。"

2. 在大多数情况下，电话会议的第一部分是介绍参会者。如果你是会议召集人，那么首先拨打电话，提前印好参会者名单。听到有人打电话进来时，向对方确认身份："我想有人打进电话了。我是 ABC 装饰品公司的萨拉，您能介绍一下自己吗？"让后打进电话的人知道谁已经在线，可以说："感谢加入我们。彩色装饰品部副总裁比尔·格拉斯及客户服务主管玛丽·哈德尔已经在线，比尔、玛丽，打个招呼好吗？"

小贴士

把电话会议想象成在无电话时代一间无窗大屋子内开会，你的任务是帮助与会者找座位并介绍大家认识。

3. 一旦所有参会者均已在线，利用几秒钟时间说明基本规则，遵循如下两条规则：

- 如果参会人数大于 4 人，应要求讲话者在讲话时表明自己的身份："我是萨拉。我同意你的观点，比尔。我想补充一点……"
- 如果会议有既定议程，那么提前告知参会者。

4. 在会议结束，与会者挂断电话之前，重申会议任务和后续活动，并在会议结束后用电子邮件向与会者确认。

5. 如果是客户电话会议，那么在会议结束后不要使用同一电话线和同事进行会议总结。先挂断电话，然后再给同事回电。如果是在同一办公地点工作，那么最好当面沟通。千万不要占用会议线路进行电话会议总结，因为你不能保证所有客户都已挂断电话，你不希望自己和同事之间的交谈被客户听到吧？

> "接听电话时，公司的形象就在电话中。"
>
> ——杂志《视频商务》文章标题

18

服务中的文化差异

“文化差异是影响商务活动成功的唯一障碍。”

——跨文化交流专家，爱德华·霍尔

即使客户是自己的同胞，要想让他们满意也实非易事，而和那些来自其他文化、语言的外籍客户打交道，可谓难上加难。本以为生意做得顺其自然、天衣无缝，谁知道偏偏得罪了贵客，结果不欢而散，让人郁闷。

不管你身在纽约、班加罗尔，还是在马尼拉，每天都有可能遭遇来自不同国家和文化的客户。这个世界正在变小，供职于跨文化场所的服务人员，必须了解外来文化客户随身携带的价值观、期待值和文化习俗。

和来自太平洋沿岸国家的客户接触时，过于直接的表达或频繁的眼神交流会被对方看作粗鲁的表现。和德国客户接触时，如果过于随意或在未征得许可之前直呼其名，会吓退对方。在国际客户服务中心和来自西方世界的来电者沟通时，使用过于口语化的语言会直接导致投诉电话大增，此外还可能受到老板的批评。如果你询问某位日本客户是否满意问题的处理结果，即使他回答“满意”，也并不表明他真的满意，他那么说只是为保持和气、避免尴尬。

有时，在跨文化交际中犯错误的后果不仅是让客户发一顿火儿，还可能导致公司失去订单、失去重要联系，甚至有可能导致客户流失，代价惨重。

提供全球性服务

当然，一个人不可能熟知世界上所有的文化习俗、肢体语言及购物喜好等。此外，要注意不能按刻板印象做事，和来自外来文化的客户打交道时，让先入为主的成见左右自己的行为，而不是根据具体客户的需求调整服务方法，可能会让许多客户因为不满而离你而去。

文化研究者正在对世界上各种文化的行为规范、价值观及信仰体系进行整理，提前学习相关知识有助于改善客户服务效果。在今日的全球性大市场中，跨文化交际日益频繁，怎样才能更好地和非英语母语者沟通以顺利达成生意呢？下面我们列出文化研究者的部分研究成果。

尊敬是全球性的服务语言。如果你不熟悉产品的使用方法或功能特性，或许外来文化客户不会介意，但如果你对于他们蹩脚的语法、浓重的口音或难念的名字表现出不耐烦，他们将难以容忍。耐心一些，尊重差异，倾听客户的需求，这样才能搭建起最广泛的文化桥梁。

“在任何文化中，打造优质服务的基本前提是一样的，那就是尊重个体客户。”明尼苏达大学副教授及该校旅游中心“为您服务”培训项目课程主管辛西娅·梅塞尔如是说。明尼苏达大学的这个培训项目的目的是指导公司成为跨文化客户基地。

对非母语者讲话时使用简洁、清晰的语言。如果服务对象的语言能力还不够好，那么在与他沟通时要注意语言的简洁和清晰，不要使用可能产生歧义的词汇，用词前后一致，同义词和反义词尽量要少用。在这种情况下，你的语言越浅显越好。如果你一会儿用“利益”这个词,一会儿又换成“好处”，那么可能会让对方感到困惑。

讲话时，语速要慢一些，也不要慢得过分，像在故意迁就对方一样。此外，停顿的时间要多一些，但是一定不要过于大声，否则可能让对方感到不快。

罗格·阿克斯泰尔在其畅销书《文化与禁忌精编：国际商业旅行完全指南》（*Do's and Taboos：The Complete Guide to International Business Travel*）中提到，“回声”法可以帮助非母语者理解母语讲话者的语言。例如，你说：“有时候我讲话太快。或许我们应该暂时停下来，让你用自己的语言重复一下我们刚才讲过的内容。”

注意“俚语”的使用。美国人使用修辞、俚语、商业隐语的频率可能要比世界上其他国家都要高。使用客户不熟悉的词汇可能会把客户弄得晕头转向。

如果你无法完全避免这些词汇，那么在使用它们时，注意观察对方是否能懂。如果你在美国或英国之外的其他地方的客户服务中心工作，主要任务是处理美国或英国客户打来的电话，那么建议补习这两个国家语言中最常用的修辞语言。我们向你推荐 Amerispeak 网站（www.rootsweb.com/~

genepool/amerispeak.htm），这个网站上有很多常见美国习语的注释，以及英国习语词典网（www.peevish.co.uk/slang），在这个网站上可以找到许多英国俗语。

跨文化智慧

在跨文化情境中服务客户时，为有效避免惊讶与误解，有必要了解影响信仰、行为和偏好的因素，下面列出若干文化习俗与信仰体系的差异。

对不确定的低容忍度。相较于美国，日本、中国、部分拉美国家、德国、希腊等国家的客户对于歧义的容忍度更低。荷兰教授、文化研究家吉尔特·霍夫斯特德称其为“不确定性避免”现象，即“某一文化中的成员在不确定或未知情境中感到受威胁的程度”。

来自上述文化中的客户常会努力消除不确定因素并寻求绝对答案。在服务情境中，要注意这些客户可能更喜欢详细的说明，而不是粗略的条框，尤其在涉及问题的处理方案时。如果没有把握，不要想当然，询问客户的偏好。

高语境与低语境文化。在传达意思时，高语境文化更依赖于非语言或间接交际方法。在墨西哥、日本等高语境文化中，面部表情或肢体语言往往比语言本身更重要。而在低语境文化中，如美国、澳大利亚、德国等，最好也是最受人信任的交际方法是以口头形式出现的语言。

个性化并非全球性需求。在高度个性化的美国文化中，客户会觉得自己是特殊的，因此美国服务人员总是会被告知要称呼客户的名字，记住在之前交往中客户的购买喜好、鼓励特殊条款（按照客户的需求修改订单）等，以满足客户对于“个性化”的要求。

但是并不是所有国家的人都如此追求“个性”，尤其是在崇尚“集体主义”或团队精神文化的中国。在《营销理论与实践杂志》(*The Journal of Marketing Theory and Practice*)的一项研究报告中，研究者凯瑟琳·文斯泰德阐述了在医疗与餐厅环境中日本和美国客户的服务期待差异。两国客户的服务期待差异非常大，其中有一个差异是个性化的服务在客户满意度中所占的比例。在一次日本小组座谈会上，有一位成员提到自己在美国被救护车紧急送往医院的经历，在前往医院的路途上，急救医生一直称呼她的名字，这让她感到很不适应。所有的小组成员一致认为，这在日本绝不可能。在崇尚团队精神的文化中，个性化的服务可能会被认为冒犯。

时间的价值不等。在有些地方，时间未必等于金钱。在服务接触过程中，美国、英国、德国等地的客户几乎没什么耐心和服务人员聊闲天，但是意大利、法国、中东等地的客户却很不同，在正式谈生意之前，如果没有足够的交流环节，他们可能会感到不悦。

认真了解客户偏好，根据你的所见、所闻、所感调整沟通方法，先试着和客户随便闲聊一会儿，等他先提生意的事。如果他们迟迟不谈正事，你不妨干脆说：“很愿意和你聊天，今天我能为您做些什么？”

“文化与其说是合作的新鲜血液，不如说是冲突的源头。文化差异从来都让人讨厌，甚至常常是灾难之源。”

——吉尔特·霍夫斯特德

19

世代差异：不同年龄层客户的服务技巧

“我根本不在乎他们是否友好或礼貌地称呼我。尽快处理我的问题，然后再也不要对我说什么花言巧语。”

——一位三十几岁的客户在午饭时谈论自己遇到的电脑故障

在美国中西部，有一对年过花甲的夫妻，他们在家乡选择了一家有名的新餐厅庆祝结婚纪念日，到达餐厅后服务人员向他们献上热情的问候，并送上美好的祝愿，看起来，一个温馨、美好的夜晚正在等待他们夫妻。

这时，服务人员为夫妻俩每人递上一份菜单，并拉开椅子在他们身边坐下，和夫妻二人一起研究菜单及当日特色菜肴。可能有些客户很喜欢这种随意的服务方式，但这对夫妻开始感到不自在，甚至有些恼怒。在他们看来，服务人员的随便和亲近是对客户不尊重的表现，毕竟他们根本没有邀请服务员一起坐下，虽然他初衷良好，但这一举动违背了服务人员与客户之间一种隐形的界限。

并不是人人都能成为客户肚子里的蛔虫，看透客户的内心，但是对于渴望打造优质服务的人来说，这项能力必不可少。尤其当服务对象来自不同年龄层时。无论他们是出生于第二次世界大战时期的资深老者一代、婴儿潮一代，还是 X 一代、千禧一代，甚至更年轻的一代，每代人对于优质服务都有自己的概念。例如，二十几岁的年轻夫妻可能很喜欢由随意、亲切的服务员帮自己庆祝结婚纪念日，但是对于年长的一代人，缺少礼仪和敬意的服务可能并不适合。

服务各世代人的技巧

为出生于不同时代的客户提供适合的服务，必须要先了解各个年代人的特质、态度及在他们成长的年代发生的大事件。我们分别为四个年代的人创建了年代档案，并列出了每个年代人对服务的偏好。希望这些属于不同年代的"习俗与禁忌"能够对服务人员起到指导作用。请注意这些习俗与禁忌并不是固定不变的，一切规则皆有例外，因此在具体的服务场景中，必须保持灵敏度，具体问题具体分析。这份档案来自本书作者十多年的研究，并借鉴了克莱尔·莱恩斯的部分研究成果，我们和克莱尔一起合作撰写了《职场中的不同年代人》(*Generations at Work*)。

资深老者一代人的特征

老人指于1922—1943年或第二次世界大战前出生的客户，他们中最年轻的已近70岁，年长的已超过90岁。

- 偏爱始终如一、前后一致及稳定性强的服务。
- 偏爱直接的交流方式。
- 偏爱逻辑清晰、实用性强的讨论或方法，不喜欢被情感左右。
- 往往是忠实的客户，尤其对美国本土产品或服务非常忠实。

小贴士

- **不要仓促行事。**老人不喜欢被人催促着做决定，也不希望交易速度太快，因此尽量放慢节奏，给他们做决策的时间。

- **表现尊重，创建和谐。**为这一年代的客户服务时，使用“请”“谢谢您”“先生”“夫人”等敬语的频率要高于其他年代的客户。
- **规范服务。**老人往往不喜欢服务人员过于亲密或随意的沟通方式，因此和他们保持适当的距离，除非对方有明确要求或暗示。

婴儿潮一代的特征

婴儿潮一代指生于1943—1960年的一代人，是美国历史上人口最庞大的一代人，他们之中，年纪较小的50多岁，年长的已接近70岁。[1]

- 往往很乐观，愿意了解这个世界上的众多可能性。
- 强烈的个人意识，许多人习惯成为瞩目的焦点。
- 喜欢个性化的服务。
- 倡导与他人合作共同完成目标。

小贴士

- 提供个性化服务，尤其是在和客户寒暄时。虽然可能婴儿潮一代客户不喜欢花时间认真详谈，但是他们会很喜欢服务人员热情的招待。
- 如果你知道客户的名字，那么充分利用。许多婴儿潮一代人希望自己有些知名度，他们喜欢与众不同。但是过犹不及，如果频繁直呼其名，可能会被认为虚情假意。
- 如果客户定期光临，那么不妨偶尔给些小恩小惠，以表示对对方忠诚度的感谢。在寻找生意伙伴时，婴儿潮一代人考虑的不仅是服务人员的工作效率和个人能力，更看重员工关爱客户的程度和对岗位

1 在进行世代划分时，主要参考人口统计学家常用的标准，但略有变化。例如，大多数学者把婴儿潮一代界定为1946—1964年出生的美国人，但是在本书中，我们将时间向前推了几年，即将在1943—1946年出生的人包括进来，因为研究显示，这几年出生的美国人，拥有和婴儿潮一代近似的价值观和世界观。同样，我们也把X一代的出生年代从1965年提前至1960年。

的奉献精神。因此用一些小动作表示你对他们的关爱，这样他们会愿意一直和你在一起。

X 一代人的特征

X 一代指生于 1960—1980 年的一代人，是最为人所诟病（X 一代也未免太冤枉）的一代，年龄在 30~60 岁。

- 对技术很有兴趣，也很精通。
- 怀疑心一般比较强，属于常把“证明给我看”挂在嘴边的那一类人。
- 自立自强，许多人抱定“生存”心态，比其他几代人更容易应对变化。
- 对服务的灵活性与意见反馈有强烈的渴望，不喜欢被密切监督。

小贴士

- 工作效率要高，对于 X 一代来说，能力远远比热情的服务态度重要。抱怨着给他们退款比微笑着拒绝好得多。
- 准备好回答问题。X 一代的好奇心很强，他们喜欢刨根问底，因此熟悉自己领域内的知识，保证自己在被要求时能够提供正确的产品或服务信息和数据。

- 不要过度渲染自己产品或服务的好处。X 一代个个都是“大侦探”，对强行推销和虚假宣传非常敏感。如有可能，建议向对方介绍产品或服务帮助其他客户的例子，或引用相关科研成果证明自己的公司在同行业中的优势。

千禧一代的特征

千禧一代指生于 1980—2000 年的一代人，年龄在十几岁到三十多岁，也被称为回声潮一代、Y 一代或“下一代”。

- 喜欢社交，乐观但很现实，能够包容个体差异。一般没有 X 一代那么热衷于冷嘲热讽，对权威表现出更高的信任度。
- 热衷于成功和完成目标，相信努力工作，愿意为共同事业牺牲个人享乐。
- 感谢爱心满满的婴儿潮家长们，养育了这个星球上最聪明、最健康的一代。许多千禧一代人从小到大一直都是生活在蜜罐儿里，成长环境不逊于王子或公主。
- 在数字媒体时代成长起来的第一代人。

小贴士

- 保持尊敬。年纪轻，并不等于可以被轻视，对待千禧一代，不要摆出一副曲意迎合的态度，也不要以为对方不懂便故意弄虚作假。千禧一代追求平等的身份。
- 快速服务。千禧一代已很适应快速的服务，不怎么喜欢过分谨慎的人或烦琐的流程。

- 不要把这一代与 X 一代混淆。虽然哪个年代的人都不愿意被人搞混，但千禧一代尤其介意别人把自己和 X 一代混淆，在他们眼中，X 一代过于愤世嫉俗。

为不同世代人服务的问题

回答下面这些问题，打造适合不同世代客户的服务。

- 你的客户群中哪一代人（哪些年代的人）的数量最大？
- 提到客户服务时，你认为他们希望受到什么样的待遇？
- 如果你打算提高为数量最大的一代客户服务的质量，你会改善哪三方面？
- 你是否打算提高针对某特定年代的客户的服务质量？如何改善服务才能吸引更多这一年代的客户呢？

“不同世代人之间，越来越明显的差异正带来商业动荡，新的工作岗位纷纷出现，旧工作岗位逐渐萎缩和消失。”

——Yan Kelovich 咨询公司

第3篇

令人惊叹的公司内部服务

每次客户触点，无论是进行寻常交易或处理棘手问题，都是公司向客户表现关爱与体贴的良机。但是在现今这个网络异常发达的年代，哪怕偶尔一次对客户稍有怠慢或漠视都可能在瞬间传遍网络世界，毁掉公司苦心经营的声誉。要打造令人惊叹的服务，那么无论和客户接触的是哪位员工，也无论动用多少员工，都必须让客户感到自己正在接受的是来自一个整体的服务，客户的满意正是这一整体不懈的追求。

客户对整个公司的印象是好是坏，来自公司中每位员工的努力。只有清楚自己工作的重要性，知道工作失误可能对客户忠诚度产生的消极影响，才能够打造出“无缝”服务。“无缝”服务还要求处在各个服务环节上的人定期沟通，这意味着你要为自己的同事服务，只有你及时完成工作，同事才能履行自己的工作职责，在服务同事时，要像对客户那样细心和勤奋。

在成功实现无障碍沟通及“无缝”服务的公司，每位员工都有责任解决并满足和自己发生联系的客户的问题及需要。

20

同事是伙伴：跨部门交流

“我的工作将去往何方？

“我的工作对谁来说是重要的？”

——邓白氏商业信息服务公司

拨打客户服务电话的客户不知道到底该拨哪个分机号码，他犹豫着选择了一个键按下去……突然他的声音传入了你的耳朵，他的问题与你的岗位职责完全不搭界，你会怎么答复他？又比如，你在家居店上班，这天你正在接待客户，突然一位客户走进来，问你怎么前往位于另外一个城市的一个照明器具店；又或者，你正在不分昼夜地赶工做项目，突然销售部的一位同事气喘吁吁地闯进你的工作间，要求你马上整理好明天开会时他要用到的第一季度销售数据。

不管是谁，同事也好，客户也好，你很可能认为他们干扰了你的工作，因为他的事与你的本职工作并无关系。但切记，此时正是你的客户满意度发生下降危险的重要时刻，也是你提供令人惊叹的服务的关键时刻：尽自己能力满足客户或同事的需求，让他们满意而归。

不管同事来自哪个部门——与你同在一栋大楼内办公，或来自分公司，如果他们履行岗位职责的前提是你必须完成你的工作，那么你有必要为他们服务，就像为客户服务一样。帮助同事，也就等于帮助公司和公司的客户。

当然，这并不是说你非要放下案头的一切工作，去满足同事提出的不合理要求。你必须有能力识别重要需求和任务。我们当然不希望你牺牲自己，为他人打工或给同事打下手。

“内部客户”这个词常用于指公司内部的同事，但我们认为把这些同事称为伙伴更合适。位于得克萨斯州达拉斯市 Chip Bell 集团创始人贝尔认为，客户这个词隐含着对他人的服从之意，而伙伴则更加平等。客户关系的隐含意义是双方之中有一方高高在上，而另一方则屈居在下。

“为客户服务意味着客户的需求先于我们自己的需求，”贝尔说，“虽然服务至上这一理念始终是公司坚持的第一原则，但如果我们把同事当成伙伴，而不是客户，那么将有助于避免同事之间的权力争夺。”

熟悉公司结构

为更好地在自己的专业领域之外为客户或为误打误撞找到你的不速之客提供帮助，有必要对自己公司的组织结构设置进行了解。在产品出现问题拨打客户服务电话时，客户被迫无休止地等待，好不容易等到有人接听电话，却被告知爱莫能助，至于应该找谁，对方的回答是“不清楚”。对于客户来说，最糟糕的经历莫过于此。

了解自己公司的组织结构，花一些时间学习各部门员工的职责范围和技术要求，也许有一天，你需要其中某个人的帮助，如移交客户等。要知道令人惊叹的服务从来都是团队共同努力的结果。

为客户打造“无缝”服务体验还取决于你是否清楚自己在服务链条上的位置。也就是说，你是否知道哪些同事要依赖于你才能圆满、及时地完成工作？一旦你履行职责之后，你的工作成果将从你的电脑、你的办公桌或部门去往哪里，由谁接管？在大型数据管理与研究公司邓白氏公司，每名员工，无论身在何种职位，都必须回答与关键内部伙伴相关的两个问题：“我的工作结果将去往何方？”“我的工作对谁来说是重要的？”

例如，你的工作是在客户服务中心接收客户订单，那么被你收下的订单将去往何方？如果订单里面遗漏了关键信息或有错误的数据，结果会怎样？如果因订单延误或收货人名称、地址有误等原因导致客户不满，那么公司库房、账务、运输部门的同事将会很麻烦。

提供优质服务、保证客户满意往往依赖不同部门员工求同存异、协同努力。在航空公司，有了维护工人的工作，地勤人员和飞行员才能保证飞机准时起飞，只有餐饮部员工提前在飞机上储备好食物饮品，空中服务人员才能保证旅客不至于忍饥挨饿。如果任何一个服务环节发生问题，如未能按时完成工作或敷衍应付，那么最终遭殃的将是公司外部的客户。

小贴士

明确公司内部的重点同事之后，和他们聊聊，问问对方对你工作的建议，然后根据对方的建议和反馈提高工作质量。

为客户提供“一站式”服务

有时候你无法解决客户的困难或要求，这时你会把客户的电话转给公司内的专家，或找到解决办法之后再给客户回电。当然这样做也未尝不可，但你的主要目标应当是为客户提供“一站式”服务，也就是在客户第一次打来电话时即能圆满解决问题。发生问题时客户打来电话咨询，在服务人员的帮助下，问题得以快速解决，无须任何口舌之争，这才是客户最想要的结果。

位于弗吉尼亚州阿灵顿市的客户服务研究公司 TARP 发现，影响客户是否继续与公司合作的一个重要因素是“在第一次接触时公司是否能圆满解决客户的问题或需求”。要打两三次客户服务电话或频繁沟通才能解决问题，这绝不是客户所希望的。

竭尽全力“一站式”满足客户需求，就像世界顶级电视购物公司 QVC 的客户服务代表一样。QVC 公司规定，仅在万不得已时，客户服务代表才可转出电话。公司崇尚的信念是：“一个电话、一位客户。”服务接待人员为此接受专门培训和辅导。“我们最不希望看到的事情是客户因同一个理由给客户服务中心拨两次以上电话，”QVC 公司客户服务经理约翰·亨特说道，“我们的目标是 100% 确保客户在第一次打进电话时就能把问题解决。”

防止“不关我事”的问题

“无缝”服务还包括主动帮助客户，即使有时候你要跨出本职岗位之外。美国达美航空公司有一位服务代理，她在辛辛那提机场工作，有一天遇到一位生病的妇女。这位妇女带着两个孩子，只能讲几句英语，她病得很严重，必须立刻去医院。可能有些服务代理会简单地向她指示机场的出租车乘坐区或因为语言无法交流而离开，但是达美航空公司的这位服务代理一直陪着生病的妇女和孩子，并把她们送到医院。在病人接受治疗之后，她又把母子三人接回自己家住了一晚上，第二天再把她们带回机场并送她们登上了回家的航班。

当然你不可能每天都为客户献上这种“超值”服务，但是上面的例子告诉我们，在客户有需要时应该伸出援手。例如，在购买的产品发生问题时，

联系客户服务人员，却得到对方这样的答复："但愿我能帮你，但是这不是我的职责。"然后便甩手走开，你一定有过这样的经历，当时你是什么感受？

稍微费些时间，给客户或同事帮个忙，没有什么语言比这种精神更能反映令人惊叹的服务的珍贵。

> "我们必须回到一个根本问题，那就是，我们所有人首先都是为客户服务的。"
>
> ——IBM 前首席执行官，郭士纳

在被问及优秀建筑和平庸建筑之间的差别时，德国建筑师密斯·凡·德罗简单回答道：“差别在于细节、细节、细节。”优秀建筑如此，优质服务也如此。如果你关注细节、关注正确的细节，那么客户会看得到，也会乐于回来享受它们。对细节的关注向客户传达出一个信息：你和你的公司非常在意有形物。

点滴成河

无论你从事何种工作，细节无处不在。细节涉及个人形象、办公室环境、公司网站的外观和带宽、走路方式、说话方式等，细节涉及在服务过程中表现出的一切，如对客户表现出的特别的谦逊和体贴，当然细节也包括你脸上不经意的厌烦表情，这足以让客户选择停止与你交易。

对细节的关注是优秀公司的重要特征。迪士尼乐园员工对细节的热情足以让客户因为感动而流连忘返。我的一位同事大加赞扬她最近在迪士尼乐园游玩时入住酒店的服务员：“第一天入住酒店后，我看见房间里有‘您的房间是由雪莉整理的，祝您住宿愉快！’的留言条，其中‘雪莉’两个字中间画有一只可爱的米老鼠。当然，我们是在迪士尼嘛！雪莉真正让我们感动的时候是在第三天，我临出门前留了一张索要毛巾的便条。后来回到酒店房间时，我发现在浴室门上挂着一个‘请勿打扰’的牌子。雪莉把我放在洗涤槽边的早报和眼镜收好，把新毛巾摆放成一个人坐在马桶上读晨报的形状。我忍不住大笑起来。我永远也忘不了这一幕。”

如今越来越多的经理人和执行官已经意识到，自己的身先示卒会对公司产生非常积极的影响。

- 联邦快递创始人兼总裁弗雷德·史密斯，多次前往各个城市视察联

21

卓越服务在于细节

“成就大师的正是他们在普通画家放下画笔之后加上去的那几笔。”

——《成功》（*Sucess*）杂志创办人，奥里森·斯维特·马尔登邦快递的分公司，并亲自和当地的快递员一起乘快递车送邮件。

- 万豪国际酒店总裁兼首席执行官小比尔·马里奥特常亲自在饭店接待台为客人办理入住手续，他还常清理酒店大堂的烟灰缸，捡拾停车场上的垃圾等。
- 迪士尼乐园的所有经理均致力于对细节的追求，为客户打造超凡的服务体验。

这些管理者身先示卒，为员工做出关注细节的榜样，当然你也可以为自己的客户和同事做出榜样。

关键时刻

对细节的关注不仅仅意味着你要扮演公司看门人的角色，还意味着你要记住并且提醒他人，公司任何员工和客户的接触都是给客户留下好感或差感的机会，我们把这些机会称为“关键时刻”。

客户和公司内任何人发生在任意时刻的接触都有可能成为关键时刻，客户会根据这些“关键时刻”对公司的服务质量做出判断。

对客户来说，任何事物都有可能成为“关键时刻”，如店内店外及停车场的设计装潢、公司广告中做出的产品保证、接听电话的速度及方式、对客户问题的敏感度、答复邮件的速度、利用社交媒体或聊天室与客户沟通的效率等，还有客户和服务人员的个人接触，等等。

管理关键时刻

当初你刚刚就职时接受的培训可能集中在和岗位职责相关的重要关键时

刻。在公司工作很长一段时间之后，你可能会逐渐意识到许多培训中未提及的关键时刻。要打造令人惊叹的服务，必须学会独立管理各种关键时刻。

小贴士

管理关键时刻的方法将决定客户在心中为你打分的高低。如果管理得当，你的成绩可能是 A 或 B，客户会一再光临；而如果管理不善，那么你的成绩可能是 D，甚至 F，客户将会流失。在服务这所学校，努力学习，争取好成绩，然后你会发现你得到的文凭是可以换成现金的。

随着工作经验的增加，你很可能会认为自己已经掌握了全部相关的关键时刻。不要被这种假象迷惑！无论你在服务场上有多得心应手、运筹帷幄，也一定会有提高的余地，精益求精，追求无止境，因为总会有新的关键时刻出现。

下面列出 3 个与关注客户相关的习惯，有助于你真正掌握服务中的关键时刻。

1. 坚持学习。

客户看重的服务细节不断变化，而且因人而异，或许是解决问题的效率，或许是科学、翔实、准确的信息，又或许是服务的技术手段，等等。还是那句话，学无止境。

2. 询问客户。

识别关键时刻的唯一可靠方式是由客户自己说出来。

3. 询问公司。

除了自己平时对客户喜好进行观察外，你的公司也可能会开展持续的调查和研究，随时掌握这些调查和研究的结果将有助于提高服务质量。

记住，把客户吓跑的并不是老虎和黑熊，而是蚊子和臭虫，是那些琐碎、微小却非常让人反感的东西。

“坚持每天做一件长约 10 分钟的卓越客户服务行动，带动同事也这样做，这样，假如一共有 100 人，那么排除正常节假日，你们每年将完成 2.4 万项新服务行动，这正是革命的火种。”

——汤姆·彼得斯

22

好的销售 = 好的服务

“除非卖出产品，否则一切努力都是徒劳的。”

——营销名言

销售和服务并不是各不相干的，而是像同一枚硬币的两面。即使你的职位是客户服务代表，不是销售助理，但是你和公司的销售助理有着同样的目标：让客户满意。销售与服务人员本应是同上战场的兄弟，但在过去，他们却常常是敌对关系。

销售和营销人员总是把服务与运营部的同事当成“从来不想帮我卖出产品，总是会毁掉已成交买卖的家伙”。

服务与运营部的员工也往往会把销售和营销人员当成“身着衬衫领带在广告词中胡编乱写，为卖出产品随便承诺，把烂摊子留给我们收拾的人”。

在当今世界，销售、营销、服务及运营部门共享同一个目标：开发并留住客户。

当销售和服务交叉时

为开发并留住客户，我们必须把好的销售和优质服务结合起来，如埃德加·林瑟的例子，他购买了一个 412-A 无绳电螺丝刀，但是他对这款产品并不满意。（在使用螺丝刀时，他不小心把它撞在了桌子上，因此他要求公司给予退货。）

利用你很擅长的令人惊叹的服务技能（倾听—提问—解决问题），你了解到林瑟退货的理由是 412-A 型螺丝刀不好用，电池也不耐用。你很了解这款产品，它适合在家庭日常生活中的小活计，并不适用于工业生产、建筑、汽车检修等场合，林瑟把它用错了地方。为了满足对螺丝刀有更高要求的场合，公司有相应的型号 412-C 螺丝刀，是目前国内最专业的电螺丝刀，更适合林瑟。

假如当初在林瑟先生购买螺丝刀时能遇到更好的服务人员，他本可能在第一次就可以购买合适的产品，但是现在，你能做什么呢？认真思考你会选择下面哪种行动方案。

选择一：告诉林瑟，如果他当初没有选择花更低的价格购买该产品，他也就不会站在这里咆哮了。

选择二：向他解释 412-A 的局限和 412-C 的优点，推荐他购买升级产品。

选择三：为给他造成的不便道歉，解释两种型号的差异，表示愿意破例为他更换产品，另外，为表示补偿，给他购买 412-C 的优惠。

选择四：为销售人员的失职表示道歉，给林瑟更换产品，并且答应收回 412-A，免费为他更换一把全新的 412-C 并额外赠送一套质量上乘的不锈钢螺丝刀配件，同时还承诺免费为林瑟先生清洗汽车。

我们认为第三种选择是最佳选择，既表现了对客户的体谅，又表现出优秀的销售技能，没有让林瑟先生为初次购买时发生的人为错误（林瑟先生或服务人员的失误）埋单，也没有让要求退货的这一过激行为得逞。而第二种选择是典型的已经被淘汰的“巧妙回避式”解决法，如果采取这种方法，林瑟先生注定不会成为长期客户。只有那些大脑进水的服务人员才可能选择第一种或最后一种方案。

销售中的服务质量问题

如发生下列三种情况，则证明销售过程中存在服务质量问题。

1. 客户别无选择。

你的产品和服务无法满足客户需求，虽然你解决问题、回答问题及解释现有产品和服务的能力非常强。

2. 局面无法收拾。

你知道如何解决问题，但是客户一上来就是不理智的，在和你沟通时也一直不理智，甚至他根本不想调整自己的情绪，你根本没机会让客户冷静思考，当然更不可能卖出升级产品或为他更换不同型号的产品。

3. 推荐产品不符合客户需求。

你提供的升级产品或赠送品完全不合逻辑，也不合时宜，例如："今天早上喝卡布奇诺咖啡时，需要搭配些大蒜面包吗？" 又或者，某位客户的月话费平均只有 35 美元，而你却对她说："女士，这项新业务可以每月帮您节省最高达 60 美元话费。"因此,确保为客户提供适合其需求的服务和产品。

销售本身就是优质的服务

以下 5 种情况发生时，销售行为本身即可以成为优质服务。

情况 1

客户购买了不合适的产品或服务，但是你知道哪种型号、系统或方法更能满足客户需求，而且你可以为客户办好这件事。"使用这种拨号上网服务，下载视频和照片的速度不会很快。也许您应该考虑使用我们新推出的数字服务，它能满足您对速度和品质的要求。"

情况 2

客户购买了合适的产品或服务，但是在产品或服务正常使用之前，需要额外的程序或流程。"您的电脑操作系统是 Windows 2003，我们的软件是为

Windows 7 设计的，不过我知道一款可以用于 Windows 2003 的升级产品。”

情况 3

出现问题的产品或服务已退出市场。“我能帮您争取到一个新配件，在您收到配件之后我可以帮您修理产品。另外，我还有个想法，你可以考虑一款更符合您需求的新产品。我们的 Laser XJ7 型号对线路进行了改善，能……”

情况 4

附加服务可以预防其他问题。“我知道您没有选择延期保修，但是在保修期内您的产品已经发生了两次故障，那么我建议您考虑是否办理延期保修。”

情况 5

客户把更换产品或服务看作公司的增值服务或特别关爱。“这种账户要求的最低额非常高，所以才产生了这笔服务费用，我想向您推荐更适合您需求的另外一种账户，可以避免在将来再次发生不必要的费用。”

如果你衣服上的工作牌上写的是“客户服务”，那么服务客户是你的全职工作，不过请记住：即使在你的岗位描述中根本没有提及任何涉及销售的职责，但是你的确是销售及营销团队中的一员。你永远是“双肩挑”的。

> “在现实中，销售和服务无法分割。”
>
> ——选自《服务质量》，作者莱昂纳德 · 贝利、大卫 · 本奈特、卡尔特 · 布朗

23

数字时代的客户沟通

“这个世界上的高科技越多，客户沟通的需求就会越多。”

——美国 Megatrends 公司，约翰 · 奈斯贝特现在人们可以利用的通信媒体很多，面对面沟通、电话、电子邮件、在线聊天、短信、博客、Twitter、社交媒体、数字视频，等等，客户和公司可选的沟通方式日益丰富。

对身为专业服务人员的你而言，这意味着什么呢？答案是：你必须要占据领先位置！在电话中完美的客户沟通能力已不能满足需求，你必须扩大自己的技能范围，成为精通各种通讯媒体的服务大师！

让我们看看最流行的几种通信媒体。

电子邮件和电话

无疑，电子邮件已成为人们喜爱的重要沟通工具，然而有时候打电话要比发邮件效率更高，当然也更省事儿，效果也更好，电话可以在你和客户之间直接建立并培养关系。

Powwownow 公司首席执行官安德鲁·皮尔斯总结出分别适合发邮件和打电话的几种情况。

- 记录通信内容。如果有必要为某次与客户的交流、文件送达、口头价格或项目协议留下电子记录，电子邮件是很好的工具。
- 追踪细节。有句老话讲："魔鬼藏在细节中。"交易、项目、计划或协议中，最重要的部分正是让人厌烦的细节描述。在电子邮件中把这些细节叙述清楚，可以防止对重要事宜的疏漏，同时可以留下记录供他人参考。
- 后续服务。这可能是电子邮件的另一个用途，尤其是在和新客户或潜在客户交流之后。这简单的一步让你有机会继续和客户进行对话，表现你的热情及公司的能力，或者只是简单表示感谢也不错。

- 状态更新和客户反馈。在向客户提供状态更新简讯时，电子邮件是很便利的工具，可以让客户随时了解公司现状，另外根据客户反馈进行信息总结时，也适合用电子邮件。

当然，在涉及一些敏感话题时，人们往往倾向于选择使用电子邮件。如今电子邮件已成为代替艰难对话的便利方式。如果发一封邮件就可以不用面对让人头疼的对话，那么何乐而不为呢？殊不知，发邮件虽然可以让你避免麻烦，但同时也会为你的服务质量减分，这时，其实打电话是更明智的选择。

在下列情况下打电话为宜。

- 敏感话题或信息。在很多时候，快速回应客户的投诉或咨询，用行动表现对客户的关注，本身就足以解决问题。在 RATER 评估表上，一发现产品或服务出现问题就立刻通知客户是深受客户欢迎的做法。知道自己购买的产品出现了问题，客户或许并不会开心，但是他们会感谢你的坦诚。
- 电子邮件过多。如果需要频繁的邮件往来，而且每封邮件中都包含大量细节信息，这样很容易搞不清状况，这时，不如直接电话沟通，一个电话就能解决问题。
- 说话语调。有时我们必须能听懂对方的言外之意。电子邮件无法传达语气中的嘲讽或挖苦，在学到这一课之前，我们付出了相当大的代价。有时候我们必须听清对方的声音、语调、停顿，甚至沉默。
- 第一印象。你需要向客户介绍自己及公司的产品和服务，但你们不可能面对面进行交流，那么此时电话是首选。无论电子邮件的内容多么生动有趣或言之有物，它永远无法达到和电话相同的效果。

- 清晰度。你必须和客户一起确认以书面形式写下的信息或方案，这时候拨打电话为宜。花上几分钟时间，和客户一起确认文件或方案，同时双方还可以补充或澄清信息。

作为令人惊叹的服务的提供者，你必须熟练使用各种通讯媒体与客户进行沟通。的确，电子邮件非常灵活，可以“一击鼠标把邮件发出去，然后把名单上的地址划掉”，但是你必须清楚客户的需求才行。你的客户对你的评价不佳？那么发一封邮件给她，问问她是否需要额外的帮助，这样做或许可以挽回公司的声誉，把这位客户再争取回来。永远不要忘记，人情味很重要。

在线聊天

此刻你正在网站浏览各种商品信息，你的速度非常快，突然你意识到没记住哪些型号的产品附赠耳机，哪些不包括耳机，这时，你看到在显示器一角弹出一个小方框，写着一句话：“我是坦娅，您需要帮助吗？”

你急切地点击这个小方框，电脑好像死掉了一般，你等了很久，终于等到坦娅的回复，她在对话框里又一次进行了自我介绍并询问了你的名字，然后问你有什么需求。

你迅速敲进两种产品型号，问她哪种产品附赠耳机。

坦娅迅速回复：“在产品描述一栏中有每款产品属性的详细描述。您知道答案了吧？”

失望之余，你再度尝试：“是的。我知道有产品描述栏。但是，我找不到关于这个型号是否附赠耳机的信息。”

在等待坦娅的回答时，你有些紧张，你仿佛看到她在电脑前一边叹气，一边回复你："我明白了。让我查看一下是否能找到相关信息，请您耐心等待片刻。"

你一边等回复，一边查看邮件，偶尔会担心是不是断线了。还好没有。她还在线，在大约3分钟过后，她终于回复："吉尔，我刚才查看了产品描述，两种型号都包括耳机。第一种配置有耳塞耳机，第二种配有原款头戴式耳机。您还有什么需要帮忙的吗？"

好极了！终于等到需要的答案了。你没有为此而守在电话旁等服务人员接你的电话，也没有焦急地期盼收到电子邮件回复，当然也没有冒买错型号的风险！坦娅帮了你的大忙！因此你快速回复她："没有了，坦娅，非常感谢你的帮助。这就足够了。"

数秒之后，坦娅回复："祝您愉快！感谢选购我们的产品！"然后关闭了对话框。

还有什么比这更简单、快捷和有效的方法吗？许多公司因为没有推出这项服务而给客户造成了一定的麻烦。的确，并不是所有公司都适合这么做，但是请想想看：你的公司适合吗？

在上面的例子中，坦娅很清楚自己该如何和吉尔沟通并提供其所需的帮助。

下面列出几条在线聊天的礼仪，或许会对你有所帮助。

1. 在沟通时，适当称呼客户的名字，会让客户感到温暖。
2. 仔细阅读或倾听客户的问题，要求客户重复问题证明你没有仔细阅读或倾听。
3. 积极组织你的语言，不要轻易说出这样的话："我根本不知道你到底在说什么。”不妨这么说：“这个问题问得真好，让我帮您查找答案，您能稍等一会儿吗？”

4. 大胆做出温暖、友好的回复，但是不要指望这样就可以解决一切问题。
5. 注意语法的正确性和沟通技巧的使用。
6. 在点击“发送”键之前，检查回复内容。

文本消息

无疑，在过去数年内，文本消息如暴风雨般席卷整个世界。孩子们不接电话，而宁愿以发送即时消息的方式和家长沟通，而后者欣然接受。把这一高速、高效的工具引入职场怎么样？但是我们提醒你注意以下几点。

1. 文本消息是非常不正式的沟通方式，70 个字的限制让你很难创造出专业的、措辞得当的、信息丰富的文本消息。
2. 文本消息可能很难追踪。在发送文本消息之后，系统往往会将其自动删除，这意味着文本消息很难保存，如果一旦被误读，可能会很难取证。
3. 文本消息不仅不正式，而且对职场人士来说可能涉及个人隐私。或许你的客户不希望你在工作时间向他们的私人手机发短消息。
4. 文本消息无法取代电话的职业性。不要过于随意地处理与客户之间的关系，如果客户感觉你并没有严肃对待他，他或许会放弃与你打交道。
5. 发文本消息需要时间和空间。在发文本消息之前，思考、思考、再思考，不要为节省时间而在发给客户的文本消息中大量使用缩略语。

公司网站

公司网站是创建社区的好地方，这里所说的社区指把网站打造成学习、共享和与他人交流的地方，而不仅仅把它用于购物。这种社区为访问者提供与他人对话或学习新知识的机会。创建网站社区的成本其实非常低廉，因为大部分社区信息都是由访问者贡献的。社区的另外一个好处是公司拥有控制权，可以利用社区快速、方便地处理客户的问题或咨询并对错误信息进行更正。

作为提供令人惊叹的服务的专业服务人员，和客户的沟通正是考验服务理念的绝好机会。问问客户是否需要公司提供更多产品及产品的使用或服务信息。作为公司的情报站，你的贡献巨大。要记住，客户和公司之间的人际沟通次数越少，每次沟通就越重要。

社交媒体

到处都是社交媒体的影子！社交媒体已广泛用于商务往来及朋友之间的沟通，通过社交媒体征集客户对公司的意见反馈是不错的主意。如今，如果客户对公司不满意，可以迅速找到各种发泄口。除了公司网站的反馈专栏，还有各种便利渠道，如 Facebook、Yelp、CityBiz、Blogs、YouTube、Twitter、MySpace、Diggit 等网站。

底线是什么？通过数字媒体与你取得联系的客户和通过传统方式与你沟通的客户并没有什么两样，他们需要被倾听和回应，需要尊重和理解。

> “技术不会勇敢追求更高，但人会。”
>
> ——阿维斯出租汽车公司广告词

24

电子邮件中的服务礼仪

“发邮件进行自我介绍不仅是为给客户留下良好的第一印象，还可以留下书面记录。”

——网络礼仪专家，弗吉尼亚·希亚

如今，许多公司定期与客户通过电子邮件进行沟通，有时候是通过公司自己的网站，有时候是通过 AOL、MSN、雅虎、谷歌等网络服务供应商。

不管电子邮件是通过什么路径到达你的邮箱的，在用电子邮件为客户提供服务时，一定要注意邮件中包含的客户期待和规则。客户判断在线服务质量标准的依据是和公司取得联系的便利程度及公司回复客户问题的速度和准确性。你的公司网站上可能专门设有一个 FAQ（常见问题）专栏，但是客户对公司在线服务的评价更可能取决于人工回复问题和投诉的质量和速度，而不是网站中自助服务的性能。

记住，对客户而言，你就代表了公司。在网络这个虚拟世界里也是一样的。每天，你的公司可能发出数千封邮件，其中哪怕只有一封措辞不当，含有侮辱性语言或过于刻板，都可能毁掉公司苦心经营的良好声誉。

及时回复电子邮件

如果电话铃响了很久你才去接，打来电话的客户会不开心。同样，如果两三天之后才回复客户发来的投诉或咨询邮件，他们也会不开心。不妨这么想，如果你等某个人足足等了两天之久，你还会开心吗？客户期待服务人员回复邮件的速度和接电话一样快。他们会想：用的可是电脑啊，当然应该很快。现在有了 Twitter 和众多新媒体，速度当然不是问题。为保证即时回复网络客户的邮件，许多公司设置了专门的团队负责即时回复客户邮件。如果你的客户和你通过电子邮件沟通，那么他一定希望你能及时回复。

小贴士

商务邮件的平均回复期待值大约为 8 小时，但是建议你做得更快。在某些行业，期待值为 2~3 小时。如果不能在当日回复客户的咨询，那么至少应该告知对方你已收到邮件。有些网站有自动回复邮件功能，如果你的邮箱没有这一功能，那么亲自发邮件告知客户并说明答复问题的时间。

回复电子邮件的注意事项

很多人习惯在网络上和朋友随意闲聊，电子邮件的高速度及用语的随意性让人们习惯了在电子邮件中比传统信件更口语化。一定要小心！不要把客户当成你的老朋友，除非他们真的已经和你建立深厚友谊。在给客户发送电子邮件时，注意措辞。除非是写信给熟悉你业务的人，否则尽量避免专业术语和缩写语，客户可能并不知道 POS 或 XD29 指的是什么。不要想当然地以为给你发电子邮件的所有客户都很熟悉电子邮件的特性和功能。例如，经常使用电子邮件的人喜欢在邮件中频繁使用缩略语，如 IMHO（我认为）、BTW（顺便说一下），还常常使用各种表情符号。

在写邮件时要考虑收信人的特征：

- 收信人的年纪。他是高级执行官还是新来的应届毕业生？英语是他的母语吗？要让你的客户读得懂信件内容并喜欢你写信的风格。即使收信人是精通互联网的年轻客户，如果信件结构松散，用语粗俗，也可能产生误解。如果你的客户年纪较大，那么注意使用正式用语并表现出对对方的敬意。
- 你和收信人的关系。如果你之前和收信人的沟通并不多，那么多使用正式用语并表现尊重。如果客户有所不满，那么不要随便开玩笑或献殷勤。

此外，还应注意：

- 抓重点，说正事。不要拐弯抹角，让客户抓不到邮件的主题。在打完招呼之后，立刻进入主题，避免过多的寒暄客套和无关内容。
- 在点击“发送”图标之前认真检查邮件内容，包括语气、措辞和拼写错误。如果邮件内容过于冷漠，可能会给客户留下缺少人情味的印象；如果专业术语及法律用语过多，可能会导致理解障碍；拼写错误也会影响公司的声誉，如果你连检查拼写错误的时间都不想花，那么客户凭什么相信你有能力处理他们的问题？

- 确保你的邮件发送给适当的人。发邮件时，我们可能会不经意地点击“回复”图标，从而把邮件发给或抄送给一些不必要的人，有时候甚至把保密邮件发错对象。同样，在转发邮件给客户或同事时，也要注意检查收信人名单。要“大海捞针”般从众多无关信息中寻找自己需要的信息，想想看这有多麻烦！因此在发送邮件之前，仔细检查收件人名单。

小贴士

向客户发送邮件附件时需要注意几点。第一，确保收件人电脑内有可以打开附件格式的软件；第二，有些公司禁止员工接收附件，以防止电脑受到病毒攻击或控制大型文件的下载量。如果不确定，提前询问客户，获得对方允许之后再发送附件。

发邮件时，先问这些问题

考虑清楚你想要的结果。你写邮件的目的是什么？你期待收件人采取什么行动？他们需要做些什么吗？如果答案是肯定的，那么他们应该怎么做？什么时候做？他们需要保留邮件以供将来参考吗？如果答案是肯定的，那么保留多久？要不要把邮件转发给其他人？如果答案是肯定的，那么转发给谁？什么时候发？

好的书面语言是优质服务的重要组成部分，而差的语言则会为你辛苦打造的服务减分。

1. 个性化。

虽然写给客户的邮件应该比写给朋友或同事的邮件更为正式，但是电子邮件用户往往期待个性化的通讯风格。熬夜等待的客户，好不容易盼到了你的回复，打开一看，却是机器自动生成的，内容千篇一律，毫无人情味，他怎么可能感到满意呢？建议尽量以个人风格回复邮件，针对客户的需求予以答复，并附上个人签名。

2. 把写电子邮件当成用当年的打字机打字。

现在人们可以使用除电脑之外的设备收发邮件，如手机等，其中有些设备可能无法识别符号、黑体、下画线、特殊字体等，因此确保自己的邮件简介、清晰、易读。

3. 不要使用大写字母。

使用大写字母写邮件的效果相当于大吼大叫。虽然大写可用来强调重点，但是建议改用其他方法，如在重点文字旁标上星号（*）或用斜体、下画横线标示。

个性化的邮件

在回复垂询邮件时，个性化的邮件远比电脑生成的自动回复邮件能让客户满意。个人回复邮件会让客户感到你很愿意为彼此的业务往来尽心尽力。如果你的公司有购物网站，那么个性化的服务是最明显、最直接的升级购物体验的方式。由消费者事务管理学会（Society of Consumer Affairs Professionals，SOCAP）以及 Yan Kelovich 咨询公司共同开展的一项调查表明，在接受调查的所有网络购物者中，仅有 1% 的人认为自动生成的回复邮件是可以接受的。客户会根据公司答复垂询及解决问题的方式形成对公司的评价。下面列出的电子邮件来自真实的商务活动中，这些客户服务代表的做法有什么值得借鉴的呢？

客户的邮件

> 你好，
>
> 我正在考虑是否要购买一个假日五虎曲奇花环，虽然圣诞节已经过去了。这种花环可以保存到下一个圣诞节吗？会坏掉吗？我看不出它是真花环还是假花环。

客户服务代表的回复

> 尊敬的客户：
>
> 感谢您的邮件！
>
> 下面是您垂询的 #20228 产品五虎曲奇花环的信息。
>
> 因为花环上装饰有含糖曲奇，因此无法保存到下一个圣诞节。
>
> 而花环本身是假花做的，您可以放心地收藏多年。
>
> 如需更多帮助，欢迎给我们发邮件。
>
> 祝好！
>
> DisneyStore.com

客户的邮件

> 你好，
>
> 我想购买一支 7 号木质高尔夫球杆，您能解释一下这款球杆的特性吗？
>
> 戴维

客户服务代表的回复

> 戴维：
>
> 7 号木质球杆可以取代您现在使用的 3 号铁杆，一般情况下 7 号木杆可以作为 3 号铁杆的替代品，还可以用于深草区球非常高的情况。在击球难度较高的时候，7 号木杆可以很好地替代 3 号铁杆。将球垂直向远处击出去！
>
> 祝您愉快！
>
> 安德鲁 · 瑞克特
>
> Fogdog.com
>
> Ultimate 体育用品店

“她非常开心，在 3 天之内回复了 95% 的客户邮件。（难道她不知道吗？数小时之内，大部分收到邮件的客户已弃她而去。）”

——Genesys 技术咨询公司广告

25

积极对待负面反馈

“我们最好善待客户，否则别人会取而代之。”

——P.C. Richard and Son 有限公司总裁、首席执行官，

盖瑞 · 理查德

在不久之前，回应客户反馈还是一件很直截了当的事情。客户给客户服务中心打电话、发邮件或当面说出对公司的看法，不过这已经是过去时了。随着社交网络、客户评论网站的大范围普及，以及公司网站上越来越多的讨论板块的设立，客户的看法在网络世界中漫天飞舞。在线监控客户评价并在适当的时机进行回应，是在今日商务环境中取胜的一个重要手段。

是否对客户评价采取行动

一旦你已摸清客户的评价内容及他们乐于光顾的网站或社区，你将不得不做出决定：是否对客户的评价采取行动。不是所有的负面评论都应受到同等的待遇，可参考下列原则选择回应客户意见或评价的时机。

- 当公司很明显是过错方时。

有时的确是公司把事情搞砸了，这时，要做的事情是为错误道歉并保证改正错误，如有必要则进行适当补偿。总之，必须向客户保证以后不会出现同样的问题。

- 当某负面评价有广泛传播之趋势时。

某条负面消息不胫而走，传遍网络，或许公司会听之任之，不采取任何行动。岂料星星之火，可以燎原。看似来自不起眼的网络小角落中的一条关于质量问题的帖子，可能在瞬间家喻户晓。如果你观察到某些负面信息有这样的趋势，那是在提醒你，深呼吸，然后着手进行调查、降低损失。

- 如果客户对产品或服务有误评。

客户也会犯错。例如，客户记错了产品保修单上的声明或产品价格，又或者在帖子中恶评在餐厅点的牛肉汉堡，但是餐厅根本就不卖这种汉堡。这时你一定想礼貌地站出来澄清事实。

- 当遭遇正面评价时。

你或许会想，对正面评价公司并不需要做什么。但是如果公司进行回应，可能会带来多重好处。说句感谢的话，让评论者知道你很感谢他花时间对公司进行评价。简单的行动却能换来客户的持续忠诚。

作为令人惊叹的服务专业人士，你必须清楚回应客户评价的界限和时机，还必须清楚自己的权责。

服务人员的一举一动

你每天和无数位客户打交道，虽然你的工作成果并不会决定公司的命运，但是它会反映你的公司是尊重客户还是只把客户看成让人头疼的刺头。每次客户接触点，无论是某一次简单交易还是处理可能引发公司危机的大事件，都是“关键时刻”，都应该秉持同样的服务标准。你对于客户的咨询、问题、产品评价、批评或好评的处理方式正是客户衡量公司服务质量的试金石，因为对客户来说，你代表了公司！

在与客户接触时，保持平和心态、展现专业素质并具有极高的服务敏感度是一种艺术。服务人员需要一定的培训才能正确处理各种可能的情形。不管是通过书面文字、电话还是面对面接触，同理心、倾听、提问及解决问题的能力都很重要。

应对负面反馈

无论是以什么形式收集到的反馈，电话、电子邮件、社交媒体或评论网站等，都需要记住以下重要几点。

- 做个普通人。

像普通人一样回应反馈，客户没有时间听你说一连串枯燥的专业术语、官僚文章、行业缩略语等。只有和客户进行人与人之间的真诚交流，才会让对方感受到尊重，给对方袒露心声的机会，以真心换真心。

- 提高反馈速度。

快速的反馈给客户发出的信息是：我很在乎您的看法，您的反馈对于我的公司来说非常重要，我愿意和您一起努力，改善我们的服务。

- 拒绝借口，不要试图把自己包装成受害者。

你必须开明、诚实、真诚。如果你确实有失误之处或公司的确有待改进，那么真诚道歉并努力解决问题，告诉客户你将如何保证他不会再遇到同样的问题。

- 最重要的是，永远保持平和。

你失去理智，开始发火或出口伤人之时，你就已经输了。收到负面反馈之后，至少利用 30 分钟时间进行回应。一定要保持镇静，认真倾听客户。在客户的反馈之中，或多或少会有真实信息。

线下行动

Constant Contact 公司全球市场发展部副总裁艾瑞克·格罗夫斯，在博客上发表了一篇关于公开与私下回应客户的文章，许多人纷纷发表评论。在文章中，艾瑞克说：

“每家公司都爱上了社交媒体营销，客户也开始热衷于在个人签名栏或状态栏发布对公司的评价。那么如果在社交网站上出现负面舆论，公司该怎么办？该如何处理一条公开发表的负面评论呢？是否该采取行动制止它广泛传播，从而保护公司的声誉？社交媒体营销有弊有利，我们无法掌控他人通过这些媒体发表的公司评论，但可以利用它们改正问题、挽回局面。”

在文章中，艾瑞克还提道，最好的应对策略是把公开的不满转化成私人或线下接触。一旦你和发表不满的客户有机会私人接触，那么你应该知道接下来怎么做。当然是道歉、表达同理心、倾听、学习、修复他对公司的看法、解决问题，但是必须迅速行动！

还有一点，没有完美的公司，其实客户很清楚这一点。下面的评论可以证实这个观点。

“公开发表对客户评论的回应有好处，因为在这些回应中，我们能了解许多关于公司品牌的信息。如果我看到你在大方、诙谐、真诚地处理客户的投诉或负面评价，看到你想要解决问题的愿望，那么作为旁观者，我一定对你的公司有好印象。

你让我相信，如果和你打交道，我会有很开心的体验。

我也会把我的看法分享给我的朋友们，因为我亲眼看到你为客户所做的一切。

如果有人公开提出问题，你也应该坚持公开回应，哪怕只是简单地回复‘我会给你发私信’。

我的建议是，不要畏惧公开发表的负面评论或投诉，不妨趁此机会体现你的优质服务，让客户满意并感动旁观者。”

正如你所看到的，在决定公开回应还是私下回应客户时，需要权衡利弊。是否需要线下行动与解决问题所需的时间长短有关，如果很快可以解决问题，那么建议公开进行；如果似乎问题演变成了一场漫长的回合战，那么不如线下行动。如何回应客户的咨询、评论、问题及建议，以及是否能在第一时间正确回应是客户服务高手与伪大师之间的分水岭。

“不能只把优质客户服务储存起来，一定要随时供应。”

——佚名

26

真诚致谢的价值

“谢谢你……谢谢，再次感谢！！！”

——Fozzie Bear

还记得吗？小时候，你特别想要一个电动火车或芭比娃娃做生日礼物，但是你奶奶给你的礼物却是一套内衣裤。你的妈妈一边使劲掐你胳膊，一边儿跟你说："应该说什么？"你只好说："谢谢奶奶！"奶奶脸上露出笑容，她用手拍了拍你的脑袋。

想象当年你妈妈的煞费苦心，如今也是一样，表达感谢的重要性从来不曾减少。每天，你必须向客户说"谢谢"，真心感谢客户光临你的公司，虽然它们或许不是你想要的电动火车或芭比娃娃。

9种应该感谢客户的情况

1.（每次）客户购买你的产品或服务时。

你要知道，客户随时可以选择其他公司，离开你的公司去购买其他公司的产品或服务，这对客户而言轻而易举。客户当然会光临，客户当然会与我们保持合作关系，你很容易这么想当然，更容易忘记向一次性网络客户表示感谢，因为你以为一关上电脑，他们就不存在了。不要犯这种愚蠢的错误。向他们表示感谢，感谢他们光顾你的公司。

2. 当客户赞扬你（或公司）时。

来自客户的表扬可能会让你难为情，但是你应该不会对表扬你的客户说："你真假，我可没你说的这么好。"不如大方接受表扬，并说一句"谢谢您"，或者再加一句："真的很感谢您照顾我们的生意，感谢您的赞扬。"

3. 当客户发表评论或反馈时。

向发表评论或反馈的客户表示感谢，这样他们会知道你在倾听而且很重视他们的意见，哪怕简单说一句"谢谢您特意告诉我，您这样做确实能帮助我们提高服务质量"，也可能产生神奇的效果。

4．当客户尝试新产品或服务时。

尝试新事物并不是一件舒服的事，有时候甚至还必须承担风险。毕竟，他们已经非常习惯使用已有产品或服务，因此感谢愿意尝试新产品或服务的客户。

5．当他们介绍新客户给你时。

一旦客户把自己的朋友介绍给你，他们把自己也拖下了水。如果他们的朋友喜欢你的产品或服务，那么他们颜面有光，反之，他们会感到尴尬。对这些老客户发邮件表示感谢或在下次见面时亲自有些小表示，他们会非常开心。

6．当他们表现耐心或不耐烦时。

不管客户有没有明确表示（有的客户表示不耐烦的方式是大声吼叫），但没有人喜欢等待。感谢客户的耐心，表达你对对方时间的珍视，另外，这样做也可以安抚因为长久等待而心生怨气的客户。

7．当他们帮你提高服务质量时。

有些客户在来之前准备很充分，办理业务所需的账户号码、文件证明等，非常齐全，以致事情进展得非常顺利，这时向客户表示感谢，当然要说明你感谢的原因。

8．当他们对你抱怨时。

感谢他们抱怨？是的！公开向你发泄不满的客户是在给你另一个机会。一个机会就如同一份礼物。你还有机会重新赢回他的忠诚，其他的感谢倒不妨留到以后再说。

9．当他们让你开心一笑时。

微笑是世界上最好的礼物，说句“谢谢”会让收到礼物的感觉更美妙。

3种表达感谢的方式

1. 口头表达。

每次和客户接触时，记得口头致谢，要有感情，礼节性的“感谢您的光临欢迎下次光临”不会给客户留下任何印象，用感谢为客户传递温暖、开心和亲切的感觉。

2. 书面表达。

在客户购物完毕或与你见面结束后，发送电子邮件致谢。记得表现人情味和个性。客户很讨厌千篇一律的公文。在发票或账单底部写上谢谢，又或者特意发一封纸质信件，或许这样给客户的惊喜感好于电子邮件，但是也可以两样都做！用电子邮件迅速表达感谢，然后再发一封亲手写的感谢信，锦上添花！

3. 赠送礼品。

送给客户一些小礼品，如印有公司名的便笺本或笔，让客户对公司的印象更加深刻，一举两得。对于有些客户，一张电子贺卡就足够了，但是要认真挑选，因为个人喜好不同。（注意：有些公司的电脑防火墙可能会自动删除你的电子贺卡。）

小贴士

确保礼品的价值和客户业务的性质匹配。如果礼品过于贵重，客户可能会担心你是在收买人心，而不是表示感谢。无论在任何情况下，都尽量避免给代表政府部门的客户赠送礼品。

5类常忘记致谢的人

1. 一起合作的同事。

感谢那些对你有所帮助的人。我们身边总是有一些可靠的同事帮助我们解答问题、处理临时订单或紧急事务。感谢他们！向他们表达你的感激之情，同时也让他们的上司知道。许多公司有内部感谢项目，如联邦快递的Kudos、圣卢克斯医院的Golden Slipper奖项、美国银行的ServUS项目等。利用这些机会对同事的付出表示感谢。如果你的公司没有这样的项目，那么想想看是否可以创建一个专门项目？这轻而易举，而且成本低。

2. 经理。

向经理致谢，感谢他帮你更好地完成工作，感谢他在你需要的时候为你提供帮助。

3. 公司其他部门的同事。

也许你是直接和客户进行沟通的人，但是如果没有其他部门，如仓储、执行、账务等部门的员工，你的服务将无法完成。感谢他们，分别向个人表示感谢，也可以用集体的方式。

4. 经销商。

没有经销商的专业技能，客户不可能有机会接受你的服务。

5. 自己。

你努力工作，合理纳税，当然值得感谢。为自己的成就向自己致谢。偶尔给自己来点奖励，如出去吃一顿大餐！

小贴士

最有效力的感谢词是脱口而出的、真诚的、特别的，而且是有明确对象的。

“感恩不仅是最好的美德，还是其他品德的根源。”

——西塞罗

第4篇

令人惊叹的服务之问题处理

服务的路并非总是一帆风顺，无论你多努力追求完美，失误在所难免。当然，有时失误来自客户一方。总有这样的时候：面前的人很难沟通或异常暴躁，无论你怎么做，都无法满足他的需求，他的存在纯粹是为了考验你的耐心和技能。

如果出现问题，那就亮出你的王牌——令人惊叹的服务难题锦囊妙计。能够解决问题、拯救服务于水火之中的能力，是优质服务的关键因子。有了这种能力，你的工作会更轻松，你公司的业务流程将会更加流畅、快速，客户与你的关系将更坚固。

27

做了不起的修理师

“客户并不指望你把工作做得尽善尽美、毫无瑕疵，他们只是希望，在出现问题时你能解决。”

——英国航空公司，唐纳德 · 波尔特

你走进电信公司购买最新款式的 4G 手机，却被告知新款手机已经售完，3 个月之内不会有货。你很失望，甚至有点儿生气。“如果没货，为什么要打广告呢？”你自言自语着。有一位售货员看出了你的不满，或许是你脸上的表情出卖了你，或许她的感觉实在太敏锐。

售货员：您需要帮忙吗？

你（不满地）：谁知道？！我来这里是为了买今天广告宣传的新手机，但是真奇怪，今天才打广告，现在居然已经卖完了！

售货员：很抱歉。这款新手机的市场需求远远超过了我们的预期。在店里有现货之前客户已经开始排号预订，需要一段时间才能生产出足够多的手机，因此大约 3 个月之后我们店里才可能有货。

你：好吧。我刚刚才取消了我原来的号码，我原以为到这里来能买上新手机，这 3 个月我可怎么办？现在我什么都没有了。

售货员：是吗？那看起来还有点儿难办呢。我能看出来您现在很失望。您看这样行吗？我可以免费为您提供一款低档手机，前提是您必须承诺使用我们公司的业务最少 2 年，同时，新款 4G 手机一到货，我们就立刻为您办理升级服务。您觉得怎么样？至少能暂时解决您眼下的问题。

你同意了，因为他提供的临时手机费率很划算，当然你仍然急切地想要尽快买到新款 4G 手机。

修复服务的艺术和影响

“修复”这个词的意思是“使其回归正常”——让事物回到平衡或良好状态，也就是上文中电信公司的售货员对心生怨气的准手机用户的做法。在服务业，你意识到（越早越好）客户遭遇问题之时，也就是你开启修复服务的大门之时。

能够修复问题的令人惊叹的服务人员宛如技术高超的修理师，能够采取积极、有效的行动，打动对公司失望的客户的心，把他们重新拉回到满意客户群中。如想修复客户受伤的感情，必须敏感捕捉他们的需求、愿望和期待。

弗雷德·赖克尔德的研究结果显示，保守计算，如果运用服务修复等客户保留战术并因此把客户保留率提高 5%，那么公司利润率可提高 75%。

小贴士

如果客户认为自己遇到了问题，如果他们感到不满、慌张、气愤或失望，那么相信问题的存在。问题是主观的东西，让这位客户不满甚至心生愤怒的问题，对另一位客户来说，或许根本就不是问题。但无论怎样，你不能因为大部分客户都认可你的服务就认定你的服务一定没有问题，也不能因为客户生气的原因与你、公司无关，或产生问题的原因是客户自身的失误，就甩手不管。如果客户认为是问题，那么就是问题。

修复的过程

搞清楚问题之时就是修复过程开始之时。下文列出的 6 个修复步骤并非适用于所有客户。必须具体问题具体分析，根据对公司产品和服务的了解及客户的具体问题，制定相应的行为方案。6 个修复步骤如图 27-1 所示。

1. 道歉。

到底是谁的错无关紧要，对客户来说，重要的是有人能站出来承认错误并表达对客户情感的在意。说一句“很抱歉给您造成了不便”不费什么事，但它可以得到谅解。以客户为焦点并不等同于承认错误或为错误承担责任。

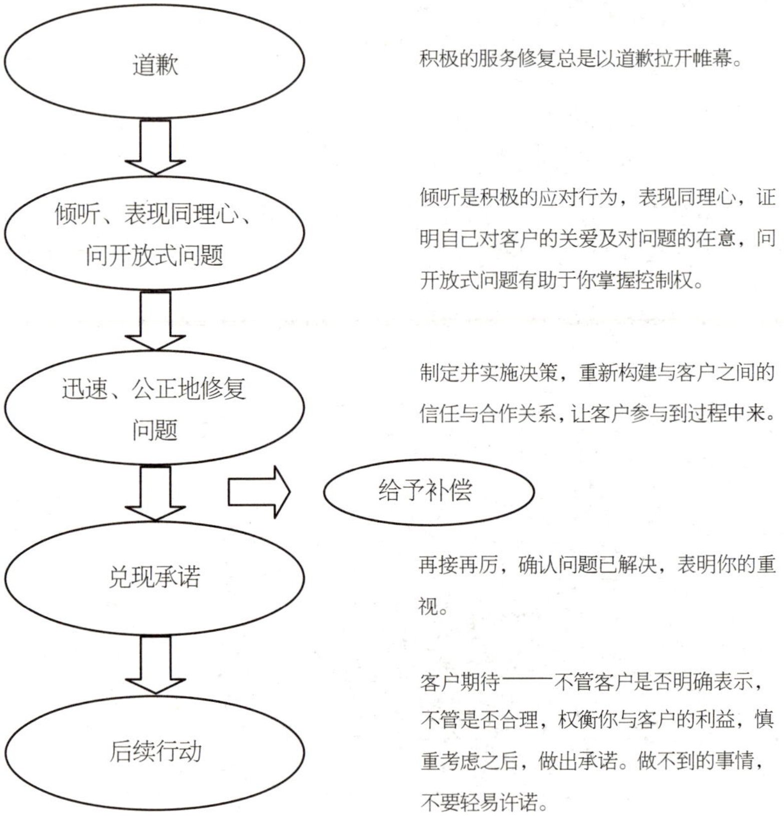

图 27-1 服务修复的过程

2. 倾听、表现同理心、问开放式问题。

通过行动表达你对客户及问题的重视。人非草木，孰能无情，谁都渴望人情关怀，客户当然也不例外。

3. 迅速、公正地修复问题。

公正地处理问题，展现你的专业素质。一旦已协商好问题的处理方法，那么客户一定希望在第一时间见到成果，因此越快越好。

4. 给予补偿。

服务出了问题，客户受到了伤害，甚至会因此而不再选择你的服务，这样的事情屡见不鲜。其实这时候，客户往往期待你能够以适当的形式对他们进行补偿。

注意

并不是每次成功的服务修复都必须包括补偿这一步，不过如果客户因为服务而受到伤害，或遭遇不便或损失，那么补偿是让他们满意的重要手段。

5. 兑现承诺。

之所以要修复服务，是因为客户认为我们违背了服务诺言，如未能如期送达产品或如约致电客户等。在服务修复过程中，往往需要做出新承诺，这时，一定要实际一些，不要轻易许下无法兑现的诺言。

小贴士

采取即时措施解决问题，用行动告诉客户你渴望帮助他解决问题，对你来说，改正错误和初始交易同样重要。

6. 后续行动。

不妨再多走一步路，为自己的服务锦上添花，例如，在数小时、数日或数周之后，向客户确认是否满意问题的处理结果。后续行动可有可无，但效果奇好，尤其对于客户忠诚来说，它能让你从众多公司中脱颖而出。不要轻易假定你已经圆满解决问题或赢回了客户，还是应借此机会亲自核实。服务修复的流程如图 27-1 所示。

导致服务问题出现的因素不确定

与其等到出现问题才花心思和精力去修复，是不是应该一开始就努力把事情做好，以防后患呢？有必要探讨一下服务故障的根源，在制订服务方案时考虑了一切可能发生的因素，看起来似乎毫无瑕疵。但是请不要忘记：人性是不可测的。在服务过程中，总会出现各种各样的问题，没有万无一失的方案。服务，包括令人惊叹的服务，也必须要与人打交道，而人从来不是绝对完美的，包括你的客户，以及你。错误不可避免，我们都心知肚明。你的工作似乎非常完美，无可挑剔，但只要不满足客户的期待，就可能发生问题。值得注意的是，大约 1/3 的服务故障与客户有关。

无论发生什么问题，都应该对症下药，针对问题进行有效修复，而不是置之不理，盼望问题自己消失，这种侥幸心理要不得。

服务修复三原则

1. 一开始就把事情做对，防止错误发生。
2. 如果出现故障，必须进行修复。
3. 记住：有再一、再二，没有再三。

——得克萨斯农工大学研究者，莱昂纳德 · 贝利博士

每个服务问题都有其特殊性，有时你必须使用所有上述 6 个修复步骤，而有时只需两三步即可。如何使用修复过程取决于客户的情绪和具体问题。你的任务是对现状进行评估，然后采取适当的行动！

28

服务修复五大格言

“遭遇问题的客户需要经历一个疗伤过程。你的目标是修复服务，直到客户对你说：‘发生这样的事情，我确实很不高兴，但是我非常感谢这段时间以来你对我的支持。’”

——EMC 公司环球技术支持副总裁，里奥 · 科尔本正如对服务有期待值一样，客户对服务的修复也有一定的期待。有些内容很容易猜得到，如改正问题、迅速行动、为给客户带来的不便表示同理心。有些客户的期待则非常隐晦和细微，常常难以察觉。

修复服务的 6 个步骤的依据是 5 条格言，这 5 条格言反映了关于修复服务的 5 条基本思想，结合了这一领域专家及本书作者的研究结果。

格言一：客户的具体期待

根据对个人银行业务的调查研究，位于伊利诺斯州伊云斯顿的 Cooper and Associates 公司的琳达·库伯总结出 10 条客户对服务修复的期待，这 10 条期待也适用于许多行业中的服务修复过程，如表 28-1 所示。

表 28-1 银行个人业务 10 条服务期待

序号	描述
1	如约向客户致电
2	向客户解释问题发生的原因
3	告知客户如出现问题时与谁联系
4	问题解决后立刻通知客户
5	保证客户能与权威人士沟通
6	告知客户解决问题所需的时间
7	如问题无法解决，提供代替性方案
8	视客户为有血有肉的人，而不只是号码
9	告知客户预防问题的方法
10	如问题不能及时解决，向客户报告进度

格言二：成功的服务修复是关于服务的，也是关于心理的

服务修复，不仅指的是修补客户遭遇的服务问题，还包括修复客户受伤的心灵。对于这一点，客户或许很难讲出口，但这绝不代表不重要。情绪受损的客户往往会对公司的可靠性（履行诺言的能力）失去信心。上门修理复印机或打印机的技师，径直走向故障产品，迅速搞定问题，然后安静地走开。他可能展示了一流的技术能力，却没有表现出良好的修复客户情感的能力。在修复故障产品的同时，也必须修复在使用设备时遭遇故障并向公司报修的人的心灵。起码修复人员应该给客户一个发泄不满的机会，这是他的工作职责。

在着手处理问题之前，有必要给客户倾诉的机会，并向他们保证会把问题处理好。最重要的客户修复技能是倾听，让客户讲完自己的遭遇，一吐为快，然后向你发表自己的意见。在修复服务的同时，加上一句真诚的道歉非常有助于修复客户的心理伤害。

格言三：视客户为伙伴

我们的研究显示，参与服务修复环节的客户对问题处理结果的满意度更高，然而这种做法也有一定的局限性。如果事实确凿，问题的根源在于公司，那么询问客户对问题的处理意见，这样可以给客户更多的控制权。这种控制权有助于客户恢复平静，放弃一些偏激思想，如收到不公正待遇等想法。

如果问题原因确实来自客户，那么让客户一起参与到修复过程中来也是合适的，客户的满意度会更高。在上述两种情况中，问题得以圆满解决是大家一起努力的结果，不是某一方的决策，更不是公司强加给客户的。

邀请客户参与到问题的处理过程，可以创造一种类似于伙伴关系的感觉。如果你对客户说："那么，你想要我怎么做呢？"可能会让客户感到你在推卸责任，不如换个说法，试试看："我们怎样才能更好地解决这个问题呢？"

还记得那些老电影里医生命令准爸爸们烧开水为婴儿降生做准备的片段吗？很大程度上，医生布置烧开水这个任务的目的是让准爸爸们有事可做并因此而感觉自己在帮忙。就算客户只能做点儿类似"烧开水"之类的小活儿，对于问题的处理也是有利无害的。

客户来银行办理员工工资入账业务，却忘记在账单上签字，因此导致一连串账单被退。如果在处理问题的过程中，让这名客户参与进来，给他安排点儿小任务，如让他列出所有账单的人员名单或给这些人打电话让他们重新提交账单用于发工资等，让他在心理上产生一种可控感。

格言四：公平性出现问题比无心错误更令人难以接受

马萨诸塞州威尔斯利大学巴步森学院研究者凯瑟琳·赛德尔斯开展的研究结果表明，当客户认为自己受到了不公正待遇时，反应往往迅速、强烈、持久。也就是说，如果客户被故意少找了钱、感到被操纵或受到粗鲁对待，他们的反应会非常强烈和持久。

如果客户感觉自己受到不公正待遇，补救办法只有一个，多道歉、多补偿。有时候，客户感到自己受到了不公正的待遇，只是源于对你某句话的误解，虽然你本没有错，不过一旦客户因此而不满，你就必须把他当成"危险"客户——他有离开你另寻合作对象的危险，更糟糕的是，他还会把自己的经历告诉别人。

赛德尔斯博士认为，沟通（解释问题原因）和赔偿（某种形式的补偿）可以消除客户因感觉不公而产生的委屈或愤怒，她还提到很重要的一点，不要试图把责任推卸给第三方或借口“只是误会”，不如简单、坦诚地说一句：“很抱歉出现了这样的问题，我会保证我们将立刻把问题处理好。”这是再好不过的修复良方。

格言五：有效修复须按计划进行

航班和酒店有时会出现超额预定，火车和飞机航班可能会因天气原因晚点或取消，因此这些机构会提前准备好应对方案。如果在你的工作领域内，有不可控因素导致事故发生，那么建议准备一份处理计划。然而，在具体的处理过程中，必须具体问题具体分析，灵活变通，具备高度的客户敏感性。如果出现问题之后，处理方式过于机械化或缺少人情味，那么留在客户心中的负面印象甚至会比问题本身更持久。

有必要了解公司制定的服务修复程序。要创建个人方案，必须参考团队中其他成员的意见并获得认可，包括老板。还有一点很重要，那就是整个团队也必须定期实施该方案。好的方案一旦实施良好，就可以给客户留下两点好印象：公司优秀的服务修复质量及员工优秀的个人能力，而在两者之中，员工优秀的个人能力起更重要的作用。那么，哪些个人能力最为重要？在过去数年内，我们组织过 90 多场讨论会，并向参会人员提出问题："怎样才能成就好的修复过程呢？"在表 28-2 中我们总结了十大最佳服务修复行动。

表 28-2　十大最佳服务修复行动

讨论组成员印象深刻的行动	认可该行动的受访者比例
对我的不满情绪做出回应	79.0%
道歉	69.1%
不狡辩、谦恭有礼、镇静平和	62.9%
处理完客户的投诉之后有后续行动	56.8%
拥有良好的解决问题技能	53.0%
适时主动承认公司的错误，不试图推卸责任	44.4%
非常有责任感，能从客户的立场考虑问题	40.7%
拥有良好的人际交往技能，尤其善于倾听	40.7%
对客户的困难或情绪表现同理心	38.3%
相信客户，在意客户的感觉	24.7%

我们知道，服务修复既包括修复问题，也包括修复客户受伤的情感。读完表 28-2 中的十大行动，就不难理解我们坚持强调"先为人疗伤，再修复问题"的原因。

"我们无法保证永远不犯错误，但能保证修复问题。"

——Amazon.com 创始人兼首席执行官，杰夫·贝索斯

29

道歉的技巧

“寥寥数字表达的是你的关爱，是你对他人消极情感的关注。”

——《如何促使人行动》（*How to Get People to Do Things*）作者，
罗伯特 · 康克林

“对不起”三个字很简单，然而其实我们听到它们的频率并不高。其实，我们的研究显示，当客户向公司投诉产品或服务出现问题时，收到的道歉率不足一半，它本应该是100%。不管处理任何问题，无论问题是大是小，都应该以真诚的道歉开始。

为什么向客户说“对不起”就那么难呢？我们也许感受到了这三个字带来的威胁，将“对不起”等同于“我做错了”“我不是好人”“我不够专业”。这么想是大错特错的，道歉只是对客户的遭遇表示认可而已。

法律威胁

如今，人们往往把道歉等同于承认个人或公司责任，认为对客户说“对不起”等于承认公司有失误之处。在各个媒体上，诸如公司拒不道歉之类的新闻屡见不鲜。或许这不难理解，公司之所以拒绝道歉是因为害怕可能产生的潜在经济损失，个人之所以拒绝道歉是不想惹祸上身。

如果你的工作岗位涉及法律或规章性的内容，那么必须搞清相应内容及其对工作可能产生的影响，但是不要想当然地以为公司不允许你说“很抱歉给您带来不便”之类的话。其实，及时、专业、真诚的道歉往往有利于消除可能的法律问题，道歉可以表达乐于帮助客户达成心愿的心情，如果你这么做，客户还有什么必要去寻求法律手段呢？

尽一切努力，让客户满意

道歉并不等于承认是自己的责任（我为我们的失误向您道歉），当然也不应该把它当作谴责客户的机会（很抱歉，你太笨了，连说明书都没读懂，设备怎么可能不短路呢？）

在使用产品之前，客户未必总是愿意花时间详细阅读产品说明书，这我们应该知道。有时候，由于使用不当，产品出现了问题，导致可预见的严重后果，客户只好来求助于你。他当然不愿意主动承认错误，所以往往会把责任加之于你。

小贴士

通过以个人或公司名义真诚道歉，表达对客户失望情绪的认可。如果在道歉时，你感觉像承担责任，那么不如换一种说法，试试“感谢您及时与我们联系”。

位于加利福尼亚州弗雷斯诺的 Buckner 灌溉产品有限公司有一次接待一位来修理喷水器喷头的客户，本来是小事，但后来，公司员工被难住了，因为他们发现这款喷水器产于 1948 年，如今早已退出市场。

公司已不再生产这款喷水器，而且也早就不生产适用于这款喷水器的皮垫圈，因此无法修理喷头。但多年来，客户已习惯使用这个喷水器，因此当员工提出为他更换一款新产品时，他表示不愿意，这个喷水器已陪伴他家族三代人。

公司员工托尼·加西亚在周末把喷头带回家，用一双旧皮鞋材料做了新垫圈，然后将喷头交还给客户，而且没有收取任何费用。那位客户喜出望外，坚持要知道是谁帮的忙，后来还特意给加西亚开了一张支票以补偿他的辛苦。

加西亚有必要这么大费周折地帮助那位客户吗？当然没有。但是那位客户及许多听说或从杂志上读到这件事的人会通过口耳相传，把公司的信息大声传出去：我们会尽一切努力，保证客户满意。

不要总是找替罪羊

出现问题时，我们的第一直觉几乎总是推卸责任："如果负责信息技术的那些家伙搞清楚到底怎么操作这款电脑系统，那么我们就不需要让您等这么长时间了。""昨天晚上维修人员应该把这件事搞定，但是我想他们当时一定忙着去喝咖啡，所以才出现了这样的问题。"

小贴士

把责任推卸给公司其他部门并不是明智之举，这样做不是在宣传公司的凝聚力，而是在告诉客户，公司不同的部门人各司其职、分头做事，做事的方法不同，甚至大相径庭。这样推卸责任，损人不利己。

正确地道歉

模棱两可、机械化或冷漠的道歉还不如不道歉，有效的道歉是：

1．真诚的。

你也许无法与客户感同身受，但是你可以真诚地道歉，以此表达你的关注。

2．亲切的。

以第一人称单数道歉，可以说：“您遭遇这样的问题，我感到很抱歉。”效果要远胜于其他。记住不要使用“我们”或“他们”表示歉意，因为对客户来说，你就等于公司。

3．及时的。

不要等到查明问题根源之后才道歉，道歉的目的是承认问题的存在。对情绪不佳的客户，道歉越快越好。

“我相信如果你对客户保持诚实、坦率，一旦出现无法控制的局面，客户会把你当成邻居，向你伸出援手。”

——Vision Cable 公司总经理，米尔顿·莫尔

30

修复客户情感：为客户划分颜色

“这是您点的餐，真希望您噎着！”

——快餐服务员对因等了 10 分钟而发牢骚的客户所说的话（真实案例，绝非虚构）

你当然知道，人际关系中最难的部分是和人打交道。产品出现问题时，客户必须找到发泄的对象，怒斥、谩骂、咆哮……在服务业，一旦服务出现问题，客户发泄情绪的对象就是你。

根据 2005 年一项研究结果，而今，有情绪的客户不仅仅发泄情绪，更多的是寻求报复。由客房服务联盟（Customer Care Alliance）与亚利桑那州立大学商学院联合开展的研究发现，在 1 012 名受访者当中，有 70% 曾在最近的服务接触中遭遇“客户愤怒”，有 15% 遭遇低劣服务的受访者曾寻求某种形式的报复手段（好消息是，真正采取报复行动的比例仅为 1%），13% 的受访者承认曾对服务提供者使用亵渎语言。全球性管理咨询公司 Accenture 在 2008 年撰写的《客户满意调查》（*Customer Satisfaction Survey*）中提到，52% 的受访者认为自己对客户服务的期待值高于 5 年前，此外，67% 受访者在过去一年内曾因遭遇恶劣服务而放弃交易。

有句俗话说，“以血还血，以牙还牙”。面对客户的来势汹汹和大发雷霆，我们很容易失去理智，和他对干起来。但是这并非明智之举，结果一定不会太好。以毒攻毒、以暴制暴，他大喊大叫，我也不示弱，他冷嘲热讽，我语中带刺，谁怕谁？这样做的结果是两败俱伤。没人希望发生这样的事。令人惊叹的服务专业人士能够识别服务故障中的情感成分，而且能够镇定自若地对服务修复进行管理。为实现成功的服务修复，只解决问题并不够，还需要为人疗伤——修复客户受伤的情感。

彩色的客户

正如同一个问题未必只有一个答案，为人疗伤的方案有若干个，到底使用哪种方案取决于客户情感状态的颜色。作为服务专业人士，你可能遇到过各种颜色的客户。在出现问题时，有些客户表现得很体谅，有些客户则让你头皮发麻，暗自后悔为什么要干这一行。

我们发现，为便于修复客户情感，不妨把客户分成 3 种情感颜色，这 3 种颜色分别是：淡定蓝色、固执橙色和愤怒红色。

- 淡定蓝色客户。

这类客户给你的情感暗示非常少，你很难判断他们的情感状态。对于有些客户，服务故障可能只是一件芝麻大的小事，发生问题，解决就好了。他们 的情绪不会受到影响。但是要注意，如果处理不当，看似淡定的客户，情绪也可能升级。

- 固执橙色客户。

由于出现意料之外的事故，这类客户感到恼怒，因此表现出轻微的愤怒。如果你表现得漠不关心，他们的情绪可能迅速升级到四级火险状态。因此应谨慎应对。

- 愤怒红色客户。

这类客户的情绪主要表现为愤怒和失败感。他们觉得自己是受害者，因服务故障而受到伤害，一般情况下，很容易识别这类客户——整栋楼的人都能听到他们的大喊大叫声。

为明确三者之间的差异，不妨设想在遭遇航班延迟时 3 种客户的不同反应。

- 淡定蓝色：鲍勃的航班延误 1 小时，但他有 90 分钟的临时滞留时间，因此航班延误没有耽误他的行程。
- 固执橙色：奥利维亚的航班延误 1 小时，害她没能赶上下一趟航班，因此只得重新购买飞机票。
- 愤怒红色：雷伊的航班延误 1 小时，他没赶上下一班航班，只能在机场逗留一夜，不得不打电话取消或推迟一整天的重要约会。

搞清客户的情感色彩有助于选择最佳应对策略。如果你的客户是：

淡定蓝色客户

- 表示对意外事故的吃惊。
- 使用一般人际交往技能。
- 对症下药，解决问题。

固执橙色客户

- 表现急迫性。
- 让客户参与决策过程。
- 作为补偿，给客户提供一些加值服务。

愤怒红色客户

- 表现同理心。
- 让客户发泄情绪。
- 帮客户平静心情。
- 积极倾听。
- 计划后续行动。

直到把问题摆上桌面，才真正进入解决问题的阶段。淡定蓝色客户往往淡定自若，似乎在故意考验你的能力。面对这类客户，只须对事故的发生表示吃惊，并证明此类事故只是一次意外事故，就能通过考验。人际交往能力低的服务人员，可能会糊里糊涂把事情搞砸，让本来淡定的客户变得气愤，从而升级成为愤怒红色客户。应对固执橙色客户的关键是让客户感到自己有一定的控制权和地位。固执往往源于恐惧或不适。如果遭遇愤怒红色客户，那么必须好言相劝，平息对方的怒火。

冰山一角

对客户的安慰是完美服务修复过程的重要成分。在大多数情况下，客户的情绪反应程度与问题严重程度并不成正比，因此在接待有情绪的客户时，很难根据他的情绪来判断他遭遇的问题是航班延误、暖气漏水，还是账单退回等，看看下面这个例子。

一位朋友曾在一家冰淇淋店工作数年。有一天，她正在店里忙活着，有一位商业人士走进来买一份香蕉船冰淇淋。我的这位朋友把冰淇淋准备好之后递给他，然后继续接待下一位客人。一会儿，商业人士又回来了，他冲着我的朋友大声嚷道："这个香蕉船冰淇淋里没有香蕉！ 做香蕉船不放香蕉，真是笨蛋！"

我的朋友被这位客户的大喊吓坏了，她愣愣地看着客户和他手中的香蕉船，不知道该怎么办。趁着客户一通咆哮之后停顿的间隙，她试探性地说："真抱歉。香蕉船里没有放香蕉，这真是不像话。要是我是您，也会不高兴。我给您退款，然后免费给您重新做一份行吗？"

这时，那位客户已经意识到自己的失态及周围客户的打量和注目，看到他对面的我的朋友脸上的真诚和歉意，他突然放声大笑，我的朋友脸上也绽开笑容，其他客户也哈哈笑起来。在我的朋友重新制作冰淇淋时，收到了商业人士客户的道歉。你也许猜得到，这位客户后来成为这家冰淇淋店的常客。

"在服务过程中发生问题时，有两种修复方法，一种是修复服务设备，一种是修复客户。而后者更重要。"

——客户满意顾问，比尔·布洛伊尔

31

公平修复客户问题三步走

“如果在这次交易过程中出现问题，那么客户再次光顾的可能性就会降低。”

——质量管理专家、质量运动创始人，约瑟夫·朱兰你注意到了吗？有些人似乎天生就有解决问题的才华，无论情况有多艰难，冲突有多激烈，他们总能想到妙计良策，使问题迎刃而解，也许你就是这样的人。

假如你并非解决问题的天才，那么你或许会这么想："我永远也赶不上他们，我没天分。"错！事实是，解决问题是一种技能，和天赋无关。解决问题的高手之所以能够轻松应对各种难题，只是因为他们掌握了这一技能的操作方法。为了锤炼你解决问题的技能，我们推荐三步解决法：倾听—调查—解决。

第一步：倾听客户，发现问题

良好倾听对成功解决问题至关重要，针对解决问题而进行的倾听有两个目的：

（1）允许客户发泄愤怒或懊恼情绪——这是关于修复客户情绪的。

（2）找出真正的问题（有的问题显而易见，有的却很复杂，需要细心发现）。

倾听这位客户的投诉：

> "我昨天晚上从这里买了一辆 Kid-Pro 牌自行车。整个箱子有 40 千克重！我花了好半天才把它搬进车里，没有一个员工帮我搬。回到家，我又花了一小时才把它从车里搬进我家，我想把它打开。天哪！这可是儿童自行车，可是大概只有施瓦辛格那样强壮的人才有足够的力气把箱子打开！这还是小事儿，费了九牛二虎之力，终于打开了箱子，我发现里面没有说明书。没说明书，你让我怎么组装？！"

小贴士

客户是有备而来的，因为在从家里返回商店或客户服务部的路上，她一直在思考并组织投诉语言，因此不要剥夺她发泄的机会，她想怎么抱怨都随她。这时，即使你能断定问题所在，也不要打断她，而且说不定你的推断是错的。不管怎样，仔细倾听，直到客户倾诉完毕，这时，她才会感到轻松。在这个过程中，你收集到的信息或许有助于解决问题。

有情绪的客户往往会长篇大论地发出一连串埋怨。这时，要抓住重点。对于上面这位客户来说，虽然她艰难搬运自行车包装箱的遭遇的确让人同情，但最迫切的问题是说明书的缺失。

第二步：进行调查，确认问题

客户，尤其是遭遇麻烦的客户，未必能把问题解释得足够清晰和完整。因此如果有不清楚的地方，向客户进行询问和确认，在搞清楚问题之后，向客户重复一遍，以保证没有误解。

> “对于您在购买过程中遇到的麻烦，我很关注，我会向经理汇报的。但根据我的看法，您现在最需要的是组装说明书。我以前试过自己组装零件时，因为没有说明书结果被我弄得一塌糊涂，我非常理解您的心情。”

小贴士

在这一步中，告诉客户，你非常理解他遇到的麻烦。最让客户难以容忍的莫过于在他讲完自己的问题后，服务人员不屑一顾地说上一句：“那又怎样呢？”

第三步：制定决策，采取行动

如果以前你也曾遇到过类似情况，那么问题也许很好解决。这时，使用“表示理解，感同身受，提出方案”这 3 步来提出决策：

“我能理解您______的感受。要是换了别人，包括我自己，也会这样。我们发现可以解决您这个问题的办法是_____。”

如果很难从几种解决方案中挑选出最佳方案，那么可以把决策权留给客户，可以这么说：

> “还好，发生这种事情的频率不太高。我们遇到过几个类似情况，处理的办法有几种。一种是查看仓库里有没有新货。还有一个办法，要是您急着用，那么我可以把店里保存的原版书复印或扫描之后用传真或电子邮件发送给您，您看您愿意选择哪种方法？”

让客户参与决策的制定，不仅可以重建与客户的关系，还可以让客户感觉到你的公司对于满足客户需求的热情与诚恳。你会发现大多数客户是很公平的，他们并不是如你所想的那样得理不饶人，甚至借题发挥、勒索讹诈。通过对修理电话故障的研究，我们了解到，在周末遭遇电话故障的客户并不指望电话公司能立刻修好电话，他们知道电话修理师也是人，也希望周末可以放假，和家人在一起。

小贴士

如果客户拒绝你推荐的方案，或者客户持模棱两可的态度，那么也许是你还没有找到问题的症结所在，这时，建议继续进行调查探究，问问客户期待怎样的结果。

附加的步骤

有时候，光把故障排除掉还不算结束。还记得吧，解决问题并不是完美服务修复的最终目的，留住客户才是关键。为了重建已破损的客户关系，尤其是当客户因为产品或服务故障而感到受伤时，我们必须再接再厉，向前再迈进一步，对客户进行“象征性补偿”，也就是对客户说：“我想给您一些补偿。”补偿指的是为客户提出价值服务，并以此向客户表达你对他的在意。

> “我很高兴您给我们改正问题的机会。在您离开之前，让我把店里的电话写在组装说明书上。因为让您又多跑了一趟，我想赠送给您一份个性自行车号码牌，我们可以把您儿子的名字刻在号码牌上，您儿子叫什么名字？”

“拒绝争吵，改正问题。”

——哈迪斯公司客户投诉处理准则

32

数字时代的服务修复

“在麦当劳网站上订餐比开车直接去麦当劳实体店点餐花的时间还长！为什么会这样？”

——佚名

关于服务修复的讨论，不能少了对网络客户服务难题的关注。近些年，网店火得一塌糊涂，凭借网络的便利性和高速度，网上购物在短时间内急剧积累人气。

但是目前大多数网店及实体店和网店兼有的商家仍然只专注于客户数量的增加，而过于忽视服务环节。创办一个吸引人眼球的网站是一件事，创办客户支持、在线帮助及便于客户购物的各项功能并最终达到留住客户的目标，是另外一件事。我们必须探讨在线服务修复这个问题，专家一致认为，网络服务标准及问题解决标准要高于面对面服务的相应标准。为什么？因为在客户看来，互联网的高速度和便利性一定也能带来快速、便捷的服务。

网络购物者一开始就对网络购物有着很高的期待，这很正常，既然可以 24 小时购物，那么当然也可以享受 24 小时在线服务。但在实体店购物时，他们并没有这样的期待。在浏览网站时，看到网页上有在线客服电话或邮箱，客户可能与客服联系，这时大多数客户期待得到即时回复，如果不是当时，起码也要在一两小时之内收到回复。客户不会意识到，也并不想知道接收端的客服人员要同时面对几百封客户来信。

服务

从事电子商务的公司必须提前制定策略，积极应对新型客户投诉：通过公司网站或电子邮件、视频网、社交网络等进行投诉，此外，有些博主也会在网站博客上发表关于公司的评价文章。如今，公司再也不能在办公室坐等客户投诉传到自己的耳朵，而是必须采取主动，积极寻找客户投诉，如每天或每隔一天在谷歌或社交媒体上搜索关于客户对自己公司的反馈，这样的积极行动效果很好。越来越多的客户，包括一些在社会上有影响力的客户，通过网络发表自己对公司的评论，这使得许多公司开始主动监控自己的网站或聘请专人追踪在线客户评论，以了解客户对自己品牌的反应，同时对关于公司服务质量的负面消息进行回应，因为公司深知网上信息传播之快、影响之广泛，一旦这些评论在网络蔓延，会一发不可收拾，以致严重损害公司名声。

让我们看看最近的一个案例。有一次，音乐家戴维·卡罗尔搭乘美国联合航空公司航班，他为自己的吉他办理了托运。在等待登机时，邻座的人告诉他，行李搬运工正在把一件乐器扔来扔去，而且似乎以此为乐。那正是戴维的吉他。在到达终点之后，戴维拿到了自己的吉他，发现吉他已经损坏，于是他数次联系联合航空公司要求赔偿，却没有得到任何回复。后来戴维以这段经历为蓝本，制作了一段视频并把它上传到YouTube。一年之后，这段视频的点击量超过1 000万次，国家电视台和许多全国性杂志都报道过这件事。如果这样的事发生在你的公司会怎样？顺便说一句，这件事情的解决还算圆满，后来联合航空公司聘请戴维担任顾问，帮助公司提高处理客户投诉的质量。不过并不是每个类似案例都有圆满的结果。

不满的网络客户往往把电子邮件或博客当成投诉的地方，定期利用它们发表各种不满，而且他们的文字往往情绪激昂，有时甚至含有污秽文字。

网络客户服务基本规则

网络客户服务的规则正在形成阶段，目前已经形成若干指导原则，下面列出几条公司应该遵循并据此改善网络服务、提高服务质量的准则。

- 公开公司客服电话。

没有公开客服电话号码的网站数量众多，有的即使公布了电话，也很难联系到客户服务人员。应在公司网站主页的显著位置列出免费客服电话，而且必须安排相应员工接听以保证客服电话的有效性，防止客户在拨打电话时无法联系到服务人员。不妨看一下你的公司网站，如果客服电话缺失或未在显著位置显示，那么向公司反映。如果客户曾对你说过电话很难找之类的话，也向公司汇报。

- 提供一键式帮助。

无论是关于产品、购买支付，还是订单确认、发货追踪等环节，在任何情况下，必须保证客户帮助程序是一键式的，杜绝烦琐程序，避免发生客户点鼠标点得手指发麻还没有搞定问题的情况。如果能很方便地在网站上找到帮助程序，那么客户拨打客服电话求助的机会将会减少，因此可以有效降低客服电话的压力。为更好地帮助客户完成交易过程，许多公司增设了即时聊天功能。查看公司的网站，如果需要击 4 次以上鼠标才能找到客服的联系方式或才能发送出咨询信息，那么向公司报告。如果客户反映在你们公司网站上购物时重复点击鼠标很麻烦，也报告给公司。

- 制定常见问题清单。

制定内容清晰、信息量充足的常见问题清单可以有效减轻客服电话或在线客服的压力，方便客户查找购物时需要注意的常见问题。有些专家建议准备两种常见问题清单，一种主要收集基本问题，供未来客户或新客户查找基本信息；另一种是单独为老客户准备的常见问题清单。仔细阅读你的公司的常见问题清单，如果发现客户最常咨询的问题不在其中，那么向公司汇报，如果客户对你说清单内的问题答案不够清晰，也进行汇报。

- 电子邮件回复规则。

对于回复电子邮件问询的时间应该有清晰、明确的标准，此外，如何在问答咨询及解决问题时，敏锐地感知客户需求，也应该有个清楚的原则。

- 取消注册要求。

Vividence 研究公司最近开展的一项针对 17 家知名购物网站的调查发现，最令客户头疼的网购体验是在购物之前必须进行注册。有时，客户花了大量时间研究产品、选定产品，然后把产品放入购物车，准备付款，谁知道在点击购买时他们被告知：在完成交易之前，必须进行注册。这种现象导致有些网站的客户放弃购买。

网络是即时媒体，过久拖延回复时间会浇灭客户对公司的忠诚之火。一旦客户因为公司答复速度缓慢而感到失望，不可能再次光顾。由于 Twitter 的广泛传播，百思买（Best Buy）开发了 Twelpforce 服务，以即时回应客户的咨询、疑问或建议。客户会以 Twelpforce 为标准来衡量你的公司用电子邮件回复客户的速度。

小贴士

地之端公司（Lands' End）每天大约收到 400 封来自客户的电子邮件。一般情况下，员工在 3 小时之内可回复完毕。在戴尔公司（Dell），技术援助人员在 4 小时之内回复大部分客户的邮件。你的公司回复客户邮件的标准是怎样的?

为保证网络客户及时了解你的工作进展，公司网站应启用某种形式的“自动回复”程序，通知客户已收到邮件并告知对方回复邮件所需的大概时间。如果公司目前没有这样的程序，向公司询问原因。

检查网站的注册程序，如果程序要求客户在首次购物前必须进行注册（而不是在购物之后注册或重复购买时注册），那么询问公司相关人员为何任生意白白溜走却置之不理。

- 保持退货渠道同步与互补。

从网站订完货物后却发现不能到实体店退货的客户不可能感到满意。Zappos.com 是一家出售鞋子、服饰、首饰等产品的网店，这家店不仅保证隔日送货，而且承诺为客户承担退货费用。该网站坚信，只有服务才能让自己与众不同并赢得市场，并通过同步退货渠道保证自己的服务品质。你的公司的网络退货政策是否允许客户到实体店退货？如果不允许，你必须弄清原因及两种退货渠道之间存在的差异，因为你的客户一定想知道答案。

> “如果遗弃了网络客户，你会尝到后果。”
>
> ——www.liveperson.com

33

社交媒体服务修复方案

“在通往成功的电子商务的道路上，躺着许多目光短浅、行动缓慢、准备不足的失败者。”

——Breakaway Solutions 公司总裁兼首席执行官，
格尔登 · 布鲁克斯

你的意思是，我们也要为在社交媒体上进行服务修复做好准备吗？没错！就是个意思。现在，客户在寻找各种能够与公司联系并迅速高效解决服务故障的方法，作为令人惊叹的服务的提供者，你有责任在任何场合修复服务故障，无论客户通过什么媒介寻求帮助，你都应该时刻准备着伸出援手。

凯特·莱恩是技术影响博客（Tech Affect Blog）的博主之一，她在自己的专栏中讲述了以下的经历。

"当时我正在查看邮件，打算看完邮件就去百思买实体店取我通过网店购买的新平板电视，就在这时我收到百思买发来的订单取消通知。我感到非常懊恼，因此到 Twitter 上发帖子说我购买的电视被取消了，后来我收到百思买客户服务代表发来的一条消息，让我拨打百思买客服电话 1-888-BESTBUY，那条微博的内容是这样的：

> @kateryanNY 我可以想象您的遭遇。如果是我，我会给 888-BESTBUY 打电话，他们应该能够解决您的问题。
>
> #twelpforce
>
> 2010 年 12 月 5 日下午 2:59，来自网络。

看到这条消息我感到有点儿奇怪，但更奇怪的是第二天晚上，我收到百思买发来的电子邮件，提醒我去取电视机。我的订单不是被取消了吗？我查了信用卡，发现购买电视的钱已经被扣掉，于是我立刻拨打百思买的客服电话，我耐着性子按照语音提示选择键盘数字，然后等着电话接通，但是我等了整整 1 小时，等候音乐听了一遍又一遍，却连个客服人员的声音都没听到，我只好挂断电话，我简直要疯了。

然后我又在 Twitter 上发了帖子，我写道：

超级愤怒，@bestbuy 我的订单昨天被取消了，但是今天百思买给我发邮件提醒我去取货。而且没有收到退款。#FAIL

#twelpforce

2010 年 12 月 6 日上午 9:13，来自网络。

在电话旁等了 1 小时的我，并不期待百思买的 #twelpforce 能很快回复我。但是数分钟之后，我居然收到了客服人员 @jayysenn 的回复，他问我是否需要帮忙，接着他又发来 Twitter，问我是否可以发邮件给他，告诉他详细的事情经过，后来他给我打了电话，帮我查找问题原因（后来才知道订单并没有被正式取消，因此我才收到了提醒取货邮件，货款也被扣掉）。在电话上，他正式取消了原来的订单，并帮我确认了新订单，另外他还提出给我一些补偿。当然，我非常满意他的服务，我很快就撤销了再也不从百思买购物的誓言。”

这个例子很好，从中我们可以提炼出两种与因愤怒而到网上发泄不满的客户沟通的方式，一种是正确的，另一种是错误的。

让我们从服务修复的角度看一下凯特的遭遇，看看百思买服务的可取与不足之处。

认可客户的情绪

凯特第一次与百思买联系时，对方不仅在 1 小时内做出了回应，而且向客户表达了对其失望与懊丧心情的理解。但遗憾的是，接下来 Twelpforce 没能为问题承担起责任，而是让凯特拨打免费客服电话，从而导致凯特的失望情绪更加严重。这证明，作为服务人员，你不能让客户代替你去做分内的事情。既然说过要帮助客户，那么就应该说到做到。如果必须要在电话上与客户交流才可以解决问题，那么主动联系客户，而不是让客户来联系公司。

倾听、表现同理心及问开放式问题

那么，什么时候才是把凯特带到线下商谈问题的最佳时间？这个案例给我们做出了范例。凯特刚刚发帖子发表自己的懊恼情绪，客服人员立刻发信息给她，询问她是否愿意进一步交流，这时凯特会觉得自己的处境被理解、被关注，她会因此而愿意向客服人员讲述事情的过程。有一点需要注意，是你在追踪客户的帖子，如果你不私下联系她，她将无法联系你，如果看到你的 Twitter 却苦于无法联系到你，她会更加懊恼。

修复问题

很显然，在凯特这个案例中，正是在这一环节出了问题，客服人员没有及时修复问题，导致凯特轻微的失望情绪一点点升级。在最后一次求助中，凯特又一次通过微博表示了不满，这次 Twelpforce 公司的 @Jayysenn 出手相助。他把这件事带到线下，亲自给凯特打电话讨论具体事宜。他承担起责任，在对问题进行确认之后，迅速、有效地处理了问题。

提出补偿

@Jayysenn 并没有在问题解决之后立刻走开，而是主动向凯特提出补偿。他希望凯特不仅对这次的处理结果满意，而是愿意留下来一直成为公司的忠实客户。他成功了，因为凯特说她今后很可能还会从百思买购物。不仅如此，凯特博客的读者全都知道了她的故事，知道了 Twelpforce 是一家对客户负责的公司。

后续行动

那么，后来 @Jayysenn 有没有致电凯特，向她确认是否收到电视机呢？凯特并没有提到这一点，我们觉得他应该不会忽视最后这重要的一步。

这个服务修复过程获得圆满成功！服务修复，无论是通过面对面接触、电话接触、邮件还是网站，都会取得很好的效果，社交媒体当然也没问题。建议认真学习服务修复技巧，并实践于自己的日常工作中。

> “一旦意识到客户其实和你一样，你和他们交流的方式会大为不同。”
>
> ——宾永公司（L.L.Bean），伊丽莎白·斯波尔丁

34

服务棘手的客户

“没有差劲的客户，只是有些客户更难取悦而已。”

——出自一位一生从未“伺候”过客户的人之口

在情绪激动或愤怒的客户面前保持镇定或许并不难，但如果你面前的这个人嚣张跋扈、咄咄逼人，为达目的不择手段，你还能保持镇定吗？

客户遇到了麻烦，你理当表示理解并给予支持和帮助，不过仅仅做到这些，并不足以应付难以应对的客户，面对态度不好的客户，你或许会气得想向他投掷手榴弹或扔过去一条眼镜蛇。

但是不管你怎么生气，也一定不会直接朝着这些态度不好的客户喊：真是无理取闹！”这话只适合在心里对自己说。

态度不好的客户处事风格非常简单，他们的目标是批评你、怒骂你、激怒你，以致激起你的反抗，他们奚落、嘲笑，然后你做出反应，结果，他们赢了。一旦你失去理智，你必输无疑。遇到这样的客户，你的第一反应或许是逃走、藏起来或者狠狠地揍他一顿，但是，你不能这么做。那么，你该怎么做呢？

1. 换个角度看问题。

真正无理取闹的客户是很少的，可以说是稀有动物。大多数客户都希望可以开心地和你沟通。就算是最不讲道理的客户也是人，也理当得到我们的公平对待。

2. 提醒自己你是专业人士。

你了解自己的岗位和公司。你了解产品和产品的使用方法。你知道如何与人打交道，即使已经马上要下班、放假，即使办公室空调坏了，燥热异常，你也能够妥善处理问题。

3. 掌握镇定这门艺术。

让烦恼和愤怒无法对你施加侵害。要知道客户发火很少是针对服务人员本人的，他们愤怒，只是因为他们不喜欢事情发生的方式而已。

根据我们开展的相关研究，我们总结出服务棘手客户的 4 步方案，如果运用得当，即使是最难对付的客户，也能轻松被搞定。

1．勿看恶、勿听恶。

如果你把客户看作痴呆蠢钝的人，那么自从有这个念头的那一刻起，你的服务就已经带上了偏见，你甚至很可能把客户的无心之举也看成故意找碴。

> 约翰·麦克凡仁先生是你供职的 Acme 公司的客户，他是你有史以来遇到的最蛮不讲理的人。好吧，你决定给他点儿颜色看看，以其人之道还治其人之身，一番交锋之后，你的感觉非常好。当然，约翰并没有放弃与 Acme 公司的合作，而是到处诉说你的劣迹，同时把自己描述成无辜受你责难的人。很快你发现公司其他的客户总是挑你的毛病，而你当然要让这些客户知道自己的厉害，然后……你应该知道结果了吧？

你的激烈反应恰恰是棘手客户的生存土壤，你的强硬态度正好被他们拿来证明自己行为的合理，如果你不理睬他们粗俗、无礼的言行举止，就等于是对他们说："骂吧！闹吧！您随便折腾，我不在乎。"如果你能以行动而不是有声的语言将这一信息发送出去，你将占据这场博弈的优势。

2．压力表面化。

有些客户姿态傲慢，口无遮拦，让你心生愤怒，而有些客户的火气似乎是直接冲你而来的，好像是你把他的生活搞得一团乱，这时你会感到非常委屈。其实，这些情绪激昂、火气冲天的客户往往过于沉浸在自己的情绪之中，以致忽视了你这个大活人的存在。这时，把压力放到表面，温和地提醒客户，对他们说："我个人有做了什么让您生气的事情吗？我很想帮助您。请给我一个机会。"这样把客户的注意力拉回到问题本身，引导他讲述问题的经过，而不再针对你个人开炮。一句"请给我一个机会"能产生神奇的效果。联邦快递的员工很早就意识到很少有客户会拒绝给服务人员机会，这句话常常能让有情绪的客户平息怒火并为自己的行为感到后悔。

小贴士

面对棘手客户，切记不要提公司的政策或规章，这样只会让客户的怒火更大。

3. 转移矛盾。

有时候你的确不必和客户再费口舌。如果对方的污言秽语让你感觉受辱或受惊，那么你有权利结束对话。如果客户拒绝给你帮助他的机会，那么你有义务把他转给可以帮助他的人。将客户转给同事或上级，并不是推卸责任，在这种情况下，转移客户是应对客户消极、厌恶情绪的明智之举。在使用这一战术时，你会发现一个奇怪的现象。让我们看一个例子。

卡罗尔·迈克斯利打电话询问一个账务问题，你试着把压力带到表面，但是却被对方一顿痛骂："你这个笨蛋！就是你们这些人把我们本来美好的社会给毁了！我想跟有大脑的人谈话！"这时，请深呼吸，让卡罗尔稍等一会儿，立刻给你的上级打电话，将问题解释清楚之后把卡罗尔的电话转接给她。然后悄悄走到你上级的办公桌旁，观察她被骂时的反应。奇怪，你的上级居然满脸笑容！她一边说着惯常的客套话，一边点头。等一下！电话那一头的卡罗尔说了什么，上级居然笑出声来。上级挂断电话之后，扭头对你说："迈克斯利的性格真好！她真是一位善良的女士。你说了什么让她生气的话吗？"

难道迈克斯利和你的上级臭味相投？当然不是，迈克斯利的脾气比较暴躁，你让她在电话中等候，相当于给她的修复时间，利用这段时间，她调整了自己的情绪，用完全不同的语气和你的上级交谈。她很强大，能够在短时间内调整自己的心情、忘记和你发生的不愉快，重新开始一段愉悦的谈话。

小贴士

"是的，事实是你毁了我的生活！"你会担心客户说出这样的话吗？其实这种情况非常罕见。假若确实有客户对你这么说，那么你必须搞清楚原因，这样才能改正问题、消除客户的误解或者进入下一道修复程序。

4. 构建契约性信任。

如果迈克斯利无法镇定下来怎么办呢？或者如果客户威胁你甚至动粗怎么办？这时，最好为自己设置底线，当然不是以牙还牙，把客户推至绝境，而是带领客户经过困境后，让他独自面对剩下的问题。

你在市内最时髦、最气派的咖啡厅内担任女服务员，店内的座位已经被预订一空，这时麦克凡仁先生带着 3 个朋友来了，他们没有提前预订。麦克凡仁抓着你的胳膊，把你推到一边儿，对你说："你应该知道怎么办。"他边说边笑，抓着你的胳膊不放，很显然他是在威胁你。跟他进行积极的眼神交流，微笑着对他说："很抱歉，如果您不能改变谈话的方式，如果我们不能以没有身体接触的方式进行交流，那么我必须拨打报警电话。"

必要时重复一遍，给他点儿时间考虑事情的严重性。如果他停手，把他的名字登记到等候名单上，如果他还是不停手，那么对他说："很抱歉，我们无法取得一致。"然后大声、坚定地呼叫经理，然后拨打报警电话。

小贴士

向上面例子中的服务员学习，使用第一人称"我"。如果对客户说："你太蠢了，没人喜欢你。"那么一定会招致怨恨和反抗。相对而言，如果使用第一人称，可以清晰地传达出这样的信息：请停止某一特定行为，如咒骂或推搡等，因为或许有些人不会介意这些言行，我却不能接受。

在发出"停止这一行为，我愿意帮助你，如果你继续，我不会帮你"这样的信息之后，大多数客户会接受你的条件。如果客户对你的信息置之不理，那么你有必要按照你说的办，这就是心理学家所谓的"契约性信任"，换句话说，你做出了承诺"我会拨打报警电话"，那么你必须说到做到。

哪个战术最好呢？在合适的情境中，上面的 4 种战术皆可发生作用。和同事与上级探讨各种战术适合的情境。

"客户再也不是上帝了，他们已成为大独裁！"

——佚名

35

多类棘手客户服务技巧

“只投进五分钱，却想听一块钱的歌儿。”

——乡村民谣歌词

不是所有棘手的客户都是一样的，他们之中有些人表面和气内心古怪，有些人则脾气火暴，嚷起来声音会把天花板震碎。有些人祈求，有些人哭闹，有些人则使出威胁手段，还有些人的策略是花言巧语，极尽谄媚。我们的建议是知己知彼，百战不殆！

我们把棘手的客户分为 5 类。

利己主义埃德加

“唯我至上，我是中心，地球必须围着我转”——这就是利己主义类客户的信条，那么服务人员呢？服务人员只是一个小角色而已，只不过是历史上最伟大的人物埃德加的传奇故事中的一个过客罢了。

行为举例

不排队，只愿意和负责人讲话，以公司的名声相威胁，提出各种要求。

应对方案

- 成全他的自负。埃德加非常自负，只要承认他的重要性，一切便可搞定。运用一些小策略，如记住他的名字，会有很好的效果。
- 用行动证明。埃德加不相信你有能力并愿意帮助他，因此，做一些有立竿见影效果的小事，用行动证明你的能力和决心，就算他只是无理取闹，也不要和他辩驳。
- 切勿提及公司政策。埃德加才不想听什么公司政策（其实，没有哪位客户愿意听你背诵公司政策）。他希望自己可以破例，因此对症下药，你可以说：“我可以给您提供……”然后照章办事。
- 切勿让他的自负毁了你的自尊。埃德加非常自大，他的傲慢或许会让身为服务人员的你感觉自卑，这完全没有必要。专注于解决眼下的事情，不要在意埃德加说什么。

臭嘴贝蒂

这类客户会自豪于自己的词汇量这么丰富！像连珠炮似的骂上半小时可不是容易的事，要造就如此人才需要时间、天分和相当厚的脸皮。然而对贝蒂来说，这易如反掌。

行为举例

使用尖酸、刻薄、粗鄙、恶毒、肮脏的语言。

应对方案

- 忽视她的语言。如果你过于在意她的语言，无疑你会输了这一仗。脏话很伤人，试着把脏字屏蔽掉，提醒自己她并非针对你，而是针对整个公司。可以这样对她说："打扰一下，我个人做了什么让您不高兴的事情吗？如果我有，我想表达我的歉意并改正错误。"听你这么说，贝蒂很可能会住嘴，回答说"没有"，然后进入正题，讲述自己遭遇的问题。
- 强力制止低俗语言。如果贝蒂连珠炮似的骂骂咧咧，那么干脆打断她，对她说："很抱歉，我不想听这样的语言，我现在就要挂断电话。"然后立刻向上级汇报，说："我刚刚挂断客户的电话，是因为她一直在骂人。"研究显示，在这种情况发生时，80% 客户会再次打来电话表示歉意。
- 选择性同意对方观点。如果贝蒂向你抱怨等待时间过长，你可以表示同意，对她说："您等了 5 分钟，那确实挺久的，我理解您的心情。"

歇斯底里的哈罗德

他的嗓门真大！或许我们每个人心中都曾渴望无拘无束的自由，但哈罗德却让我们意识到这种自由的罪恶。他的脾气说来就来，简直和两岁的淘气宝宝全无两样，只不过他的嗓门更大，大得多。

行为举例

尖叫，持久的狂躁、吼叫，到处乱撞，侵犯他人的私人空间。

应对方案

- 让他发泄。面对哈罗德被压制的情感，先让他尽情发泄。告诉哈罗德你理解他的感受，别在乎他怎么回应你的话，使用一些比较中立的句子：“我能看得出来您的不安。”或“我不介意您生气。”
- 带他到后台。公共区域并不是任哈罗德挥洒自由、尽情发泄的理想场所。陪他到更为隐蔽的区域，如会议室或私人办公室。不过哈罗德或许拒绝您的建议，因为他觉得如果当着其他客人的面发火，给你难堪，事情会更容易解决。
- 承担责任、解决问题。在哈罗德终于平息下来之后，找出问题的真正原因。让他知道你愿意尽一切力量解决他的问题。

唯我独尊的迪克

迪克似乎带着行军命令而来，他向你发出最后通牒、宣布截止日期，不容辩驳，他颐指气使，旁若无人，给每个人分派活计，毕竟，他可是“干过这一行的人”。如果他的计划行不通怎么办？那当然是公司的问题，更可能是你的问题。

行为举例

带着各种各样的书面指令而来，坚持按照自己的方式做事，如果事情未按他预计的发展，他会怀疑有人在故意搞破坏。

应对方案

- 搅乱他的牌局。迪克的信仰是，在从公司获得正当服务之前，必须要经历“战争”。因此最佳的应对方案是处变不惊，该怎样就怎样，可以对他说：“很高兴为您服务，您怎么说就怎么办。”这样你轻松地搅乱了他的牌局。总而言之，对付迪克最好的办法就是马上满足他的要求，并确保不出差错。

- 将游戏进行到底。如果你没办法搅乱迪克的牌局或化解他的规则，那么不妨认真玩上一局。反复强调你可以为他做的事情，释放积极信息。

贪便宜的芙蕾达

芙蕾达是这个物质世界中的物质女，总希望贪点儿小便宜，能贪谁的就贪谁的。她不是把花钱购物看作游戏，对于她，这是战争，能赢多少是多少。

行为举例

想吃一顿免费的午餐，两顿更好！把破旧、损坏或不想再用的产品退回来，威胁服务人员如果不退货就起诉或到处说公司的坏话。

应对方案

- 用一贯的礼貌和尊重接待芙蕾达。在不牺牲公司利益的情况下，表现尊重和礼貌。
- 公平处理芙蕾达的投诉，以你和她都认为公平的方式。
- 不必屈从于芙蕾达的要求。屈从或许是应对这类客户最方便的办法，这样可以避免她引起更多麻烦。

“看到积极的一面——每次不开心的服务接触都是学习如何应对恶劣人类行为的好机会。”

——Morgan Seminar 集团，瑞贝卡·摩根

第5篇

令人惊叹的服务之关爱自己

到目前为止，我们一直把关注的焦点集中在客户身上，但在服务这场游戏中，还有另外一个重要角色——服务人员！自我管理的重要性不亚于管理客户体验，专业服务人士应深知这一点。

令人惊叹的服务不是无法企及的理想高度，当然也不是自我摧残。就像一位坚持训练的运动员或音乐家一样，在开发、评价并调整训练过程和成果的过程中，还必须懂得关爱自己。也就是说，作为服务专业人员，你需要拿出行动来照顾自己，同时为已取得的好成绩对自己进行奖励。

你对自己及这份工作的感觉如何，你热爱你的工作吗？工作的压力有没有让你感觉不堪重负？毫无疑问，你的感受会在你的工作质量中得到反映。因此，如果你进行自我调节，受益者将不仅是你自己，而是服务涉及的所有人。

36

镇定的艺术

“解决压力谜团的关键是了解心灵与身体之间的关系：在体验世界的过程中，我们的情感、思维及感知扮演的是什么角色？它们又是怎样通过身体来对压力做出反应的呢？”

——行为意识协会负责人，弗朗西斯 · 梅里特 · 斯特恩在压力大到无法承受时，你会感到神经紧张、焦虑、情绪化、好斗，看起来凶巴巴的，这时你对任何人的态度都不会很好。现代服务人员承受的情感压力要比建筑工地上的工人承受的体力劳动还要让人疲惫。如果不懂得如何应对并缓解压力，即使你掌握的服务技能再多，也永远不会成为优秀的令人惊叹的服务专家。

在迪士尼主题公园、诺氏果园、环球影城、六旗游乐场等娱乐场所中，服务人员都必须掌握“台上”与“台下”这两个概念。

- 台上包括客户能看见你、听见你的任何区域。
- 台下指公众视线范围之外的任何区域。

员工如果感到压力过大，可以请求上级暂时代管娱乐设备、食品摊位或清洁工作，以保证有时间缓解压力。可以走到台下寻找途径发泄自己的情绪，在压力得到缓解之后，整理心情，重新回到工作岗位，通过这样的方式，避免把自己的情绪带入工作中。

你的工作环境是由你、同事、经理及公司共同管理的，但要保证每次客户接触表现良好，只能靠你自己。你是怎么缓解工作压力的呢？其实在办公桌旁、办公室外，都有不同的减压方法，只要找到适合你的减压术，坚持每天练习即可，不妨从下面 10 项减压方法开始练习。

1. 深呼吸。

深呼吸是最古老也是最见效的减压术之一。压力可以扰乱肺部氧气与二氧化碳的正常比例，而深呼吸可以调节两者比例，有助于控制不安情绪。用鼻子进行深呼吸，屏住呼吸 7 秒钟（不要超过 7 秒钟），然后缓缓用嘴呼气。每次 3 ~ 6 次。

2. 微笑。

情绪可以把你压倒，也可以让你解脱，情绪的主宰者是自己。试着微笑，微笑是非常有感染力的表情。当你发现某位客户或许有些灰暗情绪时，与他进行眼神交流，脸上绽放最动人的微笑，十有八九，他会回报给你一个微笑。

3. 大笑。

幽默感是预防压力的最佳手段。压力心理学家弗朗西斯·梅里特·斯特恩有一位老客户。这位老客户总是抱怨："那个小丑正在把我往墙角里逼！"有一天，她开始把她眼中的小丑想象成戴着白色面具、穿着毛绒鞋子，傻傻地咧着嘴笑着的形象。一想到这个形象，她就忍不住想笑，她用这样的方式来管理压力，让自己专注于工作。

4. 发泄。

如果你把所有的愤怒和沮丧心情都压抑在心里，那么这些负面情绪一定会表现在你的言行举止中。因此，和自己来一场约会，找出缓解负面情绪的办法，稍后再去处理难缠的客户。拒绝承认压力会让你感到疲惫，但是拖延对压力事件做出反应可能会有很大帮助，因为如果这样你将掌握控制权。

小贴士

为了增加这一减压法的效果，服务代表艾米·格鲁伯还给自己准备了一本压力日志，把遇到的最棘手的客户和情境记录在案。记录这些内容可以让她镇定下来，经过数年的坚持，这本日志已经成为艾米应对压力的指南。

5. 休息 1 分钟。

约翰·隆德尔是一位销售顾问，他给自己描绘出一幅在加勒比风光旖旎的海水中潜水的美妙画面。他坚持想象练习，直到他能在短短一两分钟之内，忘记时空概念，完全沉浸在美妙的风景当中。每次接到棘手电话之后或在与棘手客户接触之前，他都会光顾自己的精神家园。

6．放松。

压力侵袭时，肌肉会很紧张。因此，不妨试试静力锻炼法，一种专门针对特定肌肉或肌肉组的紧张与放松练习法。首先攥紧拳头，然后放松。收紧腹部肌肉，然后放松。双掌相对，然后放松臂部。有些人非常有静力锻炼的天分，甚至能当着客户的面进行练习。

7．做桌边有氧操。

锻炼是压力管理的重要成分。试试下面这两个桌边锻炼方法。

- 坐在办公椅上，抬高双脚，直至双腿与地面持平。保持 3 秒，然后放下双腿。重复 4 次。
- 向前低头，然后从左至右转头。向前收紧肩膀，然后向上、向后

转肩，如果你已经坐或站了相当长一段时间，那么这种锻炼法会让你感觉非常舒服。

8. 整理。

整理会让你产生控制感，使压力得到缓解。“每当我在电话中等待对方时，总会整理我的办公桌。”艾瑞克·约翰逊说。他是一位电话客服代表，他说：“在下班之前，我会把一切东西都收拾好，这样第二天早上我会知道自己的工作重点。”

9. 积极对话。

用积极的方式发泄愤怒和沮丧情绪。和同事分享客户接触有助于你找到相同情境中的幽默点并获得处理压力的灵感，但不断的旧话重提对缓解压力毫无助益，只会增加烦恼。

10. 健康休息。

把正常休息改成缓解压力的休息，如到外面走走、读一段文字或闭目养神，用健康的小零食和果汁代替咖啡和糖果。

换句话说，服务质量直接受情绪影响，首先照顾好自己，才能照顾好客户。你是唯一能照顾好自己的人。

“当你的客户极度焦虑时，你要保持最佳状态：极度胜任、自信、镇定，具有良好自控力。”

——切普·贝尔

37

保持专业水准

“每个岗位都是就职于该岗位的人的自画像。用卓越打造你的自画像！”

——某家汽车修理铺的海报文字

总裁、经理们常常这样说："客户是我们最好的朋友。"但是令人惊叹的服务专业人士深知，友好和友谊是两回事。

友好的交易指的是礼貌、周到地接待客户，把客户当成好朋友（当然目的是为了更好的生意前景），友好的交易是所有商务活动追求的目标。

友谊是一种超出工作场合的关系，它含有的个人承诺远远超出了正常的客户与服务人员的关系。

难道客户永远不会成为朋友，朋友也永远不会成为客户吗？当然不是，我们都希望自己的朋友光顾我们的生意，事实上，生意伙伴可以发展成为很好的朋友关系，这样的事屡见不鲜。

在报纸杂志的读者来信专栏中，我们可以读到许多关于服务人员与客户擦出爱情火花甚至展开浪漫恋情的故事，尽管这些关系都是在工作场合之外发展起来的。

客户不完全等同于朋友

在工作时间，客户的身份首先是客户，他们来不是为了找你聊天或陪伴，而是因为想通过你的服务满足自己的需求。客户需要专业的服务，如打电话办理交易、设计新发型或及时回复邮件等，他们不是来找你交朋友的。

小贴士

当你保持专业水准同时又表现出人情味时，客户最为受益。当然这并不是要求你对待客户像对待亲朋好友一样尽心竭力。

必须指出的是，在发生问题时，友谊有一定的损伤承受力。想想看，你的朋友对你的服务不满意时，他会敢于承担得罪你的风险而据实以告吗？就算是相识很久的老朋友，在和你有生意往来时，也有可能因为顾虑你们之间的友谊而不愿诚实地告诉你是否满意你的服务，因为对他来说，和你的合作,更多的是关于友谊,而不是生意。他或许想要抱怨或进行尖锐的评论，但他不会这么做，而是会克制自己，或者他会选择终止与你的合作。总之，他不会对你直言相告，因为他不愿伤害你的感情和你们之间的友谊。

此外，外在形象也很重要，无论是在不熟悉你的客户还是在熟悉你的上级和同事的眼中，对客户的友好和朋友间的友谊从来不是一回事。

例如，一位客户在排队等待，马上就要轮到他了，但你却和排在前排的人闲聊起来，或者做着其他增进感情的事情，这时，虽然你只是闲聊了几句，但后面的客户会觉得自己等了很久，而且他会认为你闲聊影响了服务进度。

看到你对某位客户格外照顾，你的同事和经理也会是类似的反应，尤其是当现场有其他客户等候服务时。

记住，关键时刻可以在任何时候发生——只要客户有机会看到你的行为并有可能据此评判服务质量，最好的选择是自始至终“保持专业水准”。

不同参与度

对友好与友谊这两个概念进行区别关系对同理心与同情心的区分。当朋友感到痛苦或喜悦时，你会和他一起分享，这时，你的同情心自然地发生，这是你们之间友谊的一部分。如果朋友有难，你甚至会提出建议，但是你不会亲自上阵为你的朋友搞定一切。

如果客户情绪不佳，他也会期待你的关注，此外他还会期待你做和个人友情无关的事情，那就是解决他的问题——在不涉及私人关系的情况下。这时，表现同理心是表达“专业性友好”的一部分，是区分私人与工作关系的最佳办法。

我们在服务专业人士与客户中开展了一项非正式调查，我们提出的问题是：你怎样判断一位服务人员是否专业？表 37-1 中是最常见的答案。

表 37-1 专业和非专业服务人员

专 业	非专业
打扮得体，整洁着装	忽视客户，更愿意接打私人电话或和同事聊天
自信的交际者，在没找到答案之前不轻易说“我不知道”	总是叹气，揉眼睛
微笑，有帮助他人的热情	在和客户交谈时嚼口香糖或吃东西

生活和工作

兢兢业业、埋头工作的服务专业人员往往会忽视另外一个重要的人际关系：

自己与最亲近的人之间的关系，包括亲朋好友。当家人问起：“你今天还好吗？”你当然会有很多工作上的插曲要讲给他们听。虽然这些故事有助于家人了解你的工作，但是让他们过多承担你的工作压力，这对他们并不公平。这和让客户做本该你分内的事情是一样的性质，是不专业的表现。当然你有权利和亲朋好友分享每日的工作情况，但是不要只讲不开心的经历，而是应该好坏兼顾，注意保持平衡。

小贴士

把个人生活和工作区分开来，在工作结束回家的时候，把工作留在工作岗位上。

“好的服务不是对客户微笑，而是让客户对你微笑。”

——《服务成功 12 步》（*12 Steps to Success Through Service*）作者，白丽·霍普森、麦克·斯凯利

38

胜任力原则：坚持学习

“没有下班这一说，必须记住看到的一切。”

——旧金山凯悦饭店管理员，霍莉 · 司提尔你见过实习生，也许你也曾佩戴实习生的胸牌。“实习生”这三个字仿佛在向世人宣布：“耐心一些，我还在学习。”

一想到实习生，我们的头脑中往往闪现过那些充满求知欲的好学青年，他们充满热情，渴求知识，希望学到一切知识与技能，好早日摘下“实习生”的胸牌。如果想打造令人惊叹的服务，那么必须拥有终生学习的心态。上交“实习生”胸牌的那一刻与其说是毕业典礼，不如说是开学典礼。像专业运动员，最好的服务人员总是在学习的状态中，他们会坚持改善自己的服务质量，寻找让自己脱颖而出的方法。

那么，你需要学习什么知识呢？把终生学习当成个人客户服务锻炼项目。正如任何有效的交叉锻炼项目一样，你的客户服务锻炼项目应该包括几个相关区域，必须囊括五项基本要素：技术能力、人际交往能力、产品和服务知识、客户知识和个人技能。这 5 项要素对你的职业成功至关重要。

使用下列问题测试自己的优缺点。答案你可以保密，因此诚实作答。同时，也要对自己的优点实事求是。

技术能力	否	是
1. 我掌握了使用电话和通信技术的技能。	□	□
2. 我掌握了使用我的电脑、邮件系统、网站、社交媒体的技术，以及与工作相关的其他技术。	□	□
3. 我知道如何使用公司设备及程序来服务客户。	□	□
4. 我需要技术或设备援助时，可以及时寻求帮助。	□	□
5. 我理解并能完成客户及本人需要的日常文书工作。	□	□

人际交往能力	否	是
1. 我知道能让客户惊叹的行为和态度。	□	□
2. 我能使用具体技能平息或安慰客户的愤怒或沮丧心情。	□	□
3. 我能表达对客户的同理心。	□	□
4. 我了解自己的个性并知道如何与其他个性的人打交道。	□	□
5. 我和客户与同事建立起合作伙伴般的感情。	□	□

产品和服务知识		
1. 我明白专业范围内的产品和服务如何贡献于公司的整体成功。	□	□
2. 我能把公司产品和服务与竞争对手的产品和服务进行比较。	□	□
3. 我已掌握关于新推出或规划中的产品和服务的必要信息。	□	□
4. 我知道技术术语，但能用浅显的语言解释。	□	□
5. 我知道最常问的问题及其答案。	□	□

客户知识		
1. 我知道客户对公司的满意与不满之处。	□	□
2. 我知道客户选择其他公司的原因。	□	□
3. 我知道 5 位最重要的客户或客户群的档案。	□	□
4. 我知道自己的工作与客户对公司服务质量的评价的关系。	□	□
5. 我坚持寻找提供令人惊叹的服务的新方法。	□	□

个人技能	否	是
1. 我能很好地应对工作压力。	□	□
2. 我能在重复性的日常工作中发现新挑战和新知识。	□	□
3. 我能对事情进行组织并有所侧重，因此能有条不紊地完成各项事务。	□	□
4. 当面对客户沮丧或愤怒时，我不会带入个人情绪中。	□	□
5. 我目前的工作是我实现长期目标的重要步骤。	□	□

系统学习

为自己创办一个“学习日志”，找一本笔记本或创建电子日志，写下你的问题和答案，这有助于你确立学习目标并改善服务质量。对自己的学习内容进行组织，因为不可能面面俱到，最好一次只专注于某个领域内的某项终生学习项目。

接受培训

在下面的表格内或自己的学习日志上写下 5 项你想要改善或学习的知识、技能。

创建你的技能库
1. ______________________________
2. ______________________________
3. ______________________________
4. ______________________________
5. ______________________________

在下面的表格内，写下两件有助于培养这些技能的事情，你现在就可以做，不需要征求谁的同意或大笔投资。例如，你也许想问问同事遇到大发雷霆的客户时是怎样保持镇静的，或者你想出席下一届消费者事务专业协会（SOCAP）、国际客户服务协会（ICSA）或商会会议去听关于客户服务技巧的讲座。

现在能做的两件事
1. ______________________________
2. ______________________________

现在，写下两件需要一番努力，以及必须和他人合作才能做到的事情，如去地方大学读书或和经理见面，聊聊如何成为精通某项技术的公司内专家。

未来打算做的两件事
1. ______________________________
2. ______________________________

“只要停止学习，就会变老，无论他是 20 岁还是 80 岁，不断学习使人永葆青春。人生最重要的是保持心灵的年轻。”

——亨利 · 福特

39

庆祝：你做得太好了

“今天你该休息了！”

——麦当劳的口号

没错儿，今天你确实该休息了，而且你每天都该给自己留出一些休息时间。此外，有必要庆祝自己的成功，为自己良好的工作表现犒劳自己。最善于表扬你的人恰恰是你自己，因为只有自己才清楚自己的表现有多好。

如果你曾经用 1 小时、甚至 10 小时抱怨笨拙的客户和棘手的问题，其实任何服务人员都有这样的时候。这时，运用“同等时间”法则，即花上同样甚至更多时间庆祝自己的成就。此外，偶尔和同事一起出去活动，祝贺彼此在目前岗位上的成就。难道要吹捧自己吗？是的，为什么不可以？为什么非要贬低自己的技能和成就呢？承认自己今日的成绩不正是为了明日的再接再厉嘛！

学会庆祝

有些人似乎天生就知道如何肯定自己，而有些人则更需要他人的肯定，如果有人拍着他们的肩膀说几句表扬的话，他们会深受鼓舞。对大多数人来说，自我庆祝不是容易的事。当被人表扬时，我们往往会感觉非常尴尬，甚至想立刻逃离现场，更别提附和一两句表扬自己的话了。令人惊叹的服务人员应该摒弃这个习惯，因为自我肯定的力量非常强大。没错，必须有意识地偶尔为自己的良好表现大肆庆祝一番。一旦你这么做了，保证你会爱上这个习惯。

还是觉得为自己庆祝有困难吗？那么不妨从祝贺别人开始，例如，感谢同事帮你走出困境、向上级报告同事的某个优点、把自己学到的某项技巧传授给别人等，记得要告诉对方你是从哪里学到的这项技能。

注意，这些例子都有一个共同点：先肯定某次行动或成就，然后肯定某个人或其所在的团队。换句话说，你之所以表扬某个人，不止是因为他的优良品德，还因为你注意到他的具体行为及行为结果。学会肯定他人之后，把经验借来肯定自己。

5种庆祝方法

庆祝自己成就的方法数不胜数，让我们看看乌龟耶尔特是如何表扬自己的。

耶尔特表扬自己的方法是站在其他乌龟的背上。这种方法一度很管用，但后来，和其他踩在别人肩膀上往上爬的同胞一样，耶尔特摔了个四脚朝天。为自己的工作成功庆祝一番本无可厚非，但不要忘了你的成功少不了同事的功劳，这也是他们的成功。建议从下列 5 种庆祝方式中挑选适合自己的方式。

1. 请自己吃大餐。

请自己吃一顿特色餐，邀请朋友或同事一起参加（这很重要），告诉同事你庆祝的内容及原因。

2. 请一位同事一起吃顿大餐。

道理同上一条，只是这一次庆祝的原因略有不同，是因为某一次不错的业绩对你有所启发或鼓舞，邀请同事参加庆祝会可以强调团队精神的重要性。

3. 买些气球、鲜花等庆祝用品。

桌上摆放气球或鲜花，以此来庆祝最近的服务成就，此外这些装饰还可以扮靓你的工作空间，传递快乐的心情。如果有人问起，那么大方地向对方解释，你会因此而更加快乐。

4. 准备一份优势列表。

你花了很多时间学习和提高各项技能，以至于会忽视自己的强项。写一份清单，当哪天运气不好或情绪低落时，把它拿出来，这有助于你调整情绪，继续出发。

小贴士

如果哪一天你表现不错，那么给自己即兴颁发小奖品，把它在办公桌上放置一天，然后转送给刚刚成功应对棘手客户的同事。

5. 把表扬说出口。

“你干得真棒！”自言自语，你疯了吗？当然没有。（不过要是自己和自己拌嘴，可能是有点不正常。）如果讲出来，好消息会变得更好。如果不想大声讲出来，至少可以声情并茂地对自己轻声说一句："你干得不错！"

小贴士

注重细节。告诉自己到底哪些细节做得好，有明显进步。或者对同事说："我看到你和那位客户在沟通，她问了一些很难回答的问题，但是你胸有成竹，侃侃而谈，非常圆满地回答了她提出的所有问题，让她满意而归。你真棒！"

> "受到奖励的行为会被仿效。"
>
> ——激励和认可格言